Gabrielle Chanel

香奈儿
时尚教主

梵　一◎著

台海出版社

图书在版编目（CIP）数据

香奈儿：时尚教主／梵一著．—北京：台海出版社，2016.2
ISBN 978－7－5168－0869－6

Ⅰ.①香… Ⅱ.①梵… Ⅲ.①香奈儿，C.（1883～1971）—传记
Ⅳ.①K835.655.7

中国版本图书馆CIP数据核字（2016）第040219号

香奈儿：时尚教主

著　　者：梵　一

责任编辑：王　艳
装帧设计：张子航　　版式设计：红　英
责任校对：陈　烨　　责任印制：蔡　旭

出版发行：台海出版社
地　址：北京市朝阳区劲松南路1号　　邮政编码：100021
电　话：010－64041652（发行，邮购）
传　真：010－84045799（总编室）
网　址：http://www.taimeng.org.cn/thcbs/default.htm
E-mail：thcbs@126.com

经　销：全国各地新华书店
印　刷：河北信德印刷有限公司
本书如有破损、缺页、装订错误，请与本社联系调换

开　本：880 mm×1230 mm　1/32
字　数：173千字　　印　张：9.5
版　次：2016年6月第1版　　印　次：2024年5月第2次印刷
书　号：ISBN 978－7－5168－0869－6

定　价：46.00元

序　言

什么是优雅、时尚、永不讨时的潮流?

在这个瞬息万变的时代，什么才能够永远占据人们的心灵?

答案是毋庸置疑的，那便是经典。不管是一种香气也好，一条丝巾也罢，只有当它们有了与众不同的精气，才能历久弥新，也才能成为永恒，因为“流行稍纵即逝，但风格永存”。

若将目光投放到20世纪，不难发现，有一个女人用她那丰富的想象力，创造了一种永恒的经典：她一手建立的时尚王国直到如今依然享有盛名，她开创的风格也始终以鲜活的生命力诠释着“永远的时尚”。这个非凡的女人便是加布里埃·香奈儿（Gabrielle Chanel），世界著名奢侈品牌“香奈儿”（CHANEL）的创始人。

香奈儿是一个充满奇思妙想的人，她在灵感的碰撞中一发不可收拾，无论是优雅时尚的小黑裙，还是线条清爽的套装、只到脚踝的晚礼服，以及中性风格的女装夹克和长及腿肚的裤装，都一次次引领了整个法国乃至欧洲的时装革命。

正是因为香奈儿，女人，从此之后才真正拥有了在服饰上的绝对选择权。

不仅在女帽和时装上卓有成就，香奈儿——这个总是令人惊奇的女子，也是一个多产的设计师，一个具有长远眼光的时尚女王。她觉得改变女人的生活要全面展开才行，于是她的时尚触角又延伸到香水、配饰和珠宝领域，并取得了巨大成就。有人说，香奈儿能够推出闻名遐迩的“香奈儿5号香水”只是一种偶然，假如她没有遇到调香师恩尼斯·鲍，一切都是枉然的。事实上，长期担任皇家御用调香师的恩尼斯，的确是一个专业的人才，他在调制5号香水的配方上功不可没。可是，谁又能否认香奈儿的功劳？是她率先提出了要创制一种混合的人工香味，也是她在无数个日夜中，与恩尼斯一起在实验室中奋战。所以，当5号香水大获成功时，人们赋予到香奈儿身上的光环，也是她应得的辉煌。

香奈儿成为了时尚界当之无愧的女皇，她的公司在20世纪30年代中期便已经拥有了4000多名员工。但她在感情上的道路却始终坎坷，她像飘荡在天空中的一片云，始终没有着落，亦没有归途。无论是将她带入上流社会的巴勒松军官，还是她一生的挚爱卡佩尔，亦或是散发着贵族气息的狄米崔大公和威斯敏斯特公爵，以及才华横溢的诗人勒韦迪和画家伊里巴，他们都成为了她生命中的过客，终究是没能和她步入婚姻的殿堂。甚至因为在二战之中和一个德国军官恋爱，她的事业也受到了一定程度的影响，让她疲于应付人们的误解。最终，她在二战结束后关闭了时装公司，选择避居瑞士。

这一离开，就是8年。当人们以为香奈儿不会再回来时，她却以70岁的高龄重新回归舞台。那一年是1954年，巴黎的人们仿佛看到了一个天使降临人间，她的鬓角有了白发，却依然精神饱满。尽管在最初面临否定和质疑，香奈儿却再次成功了，她带来的时尚风潮以不可阻挡之势，席卷了法国，席卷了欧洲，也席卷了全世界。

时至今日，香奈儿女士创立的CHANEL，已经发展成了囊括高级定制服装、高级女装、高级成衣、香水、彩妆、护肤品、鞋、手袋、眼镜、腕表、珠宝配饰在内的时尚帝国，是名副其实的世界顶级奢侈品牌。

回顾香奈儿的一生，不用多做探究便可以发现，那是闪耀着璀璨光辉的一生，是充满了浪漫故事和传奇色彩的一生。甚至可以说，世界上再没有哪位设计师的生活，能像她那样多姿多彩。她，是一朵清冽的纯白色山茶花，淡淡开放，没有浓郁的芳香，却独有姿态。

斯人已逝，风格长存。

目　录

第一章

最初的故事

她12岁时母亲便去世了，父亲则像卸下重担一样把她送到了孤儿院。当她的父亲还在世界的某一个角落里游荡着，她却时常被别人指着说：“那是一个孤儿。”每每这时，她的眼睛总是会忍不住湿润起来。她，孤独地成长着，直到某一天散发出自己的芬芳。

流落孤儿院

与其在意别人的背弃和不善，不如经营自己的尊严和美好。

——可可·香奈儿

康朋街31号，灯光璀璨。一场华服的盛宴正在上演。

现场人流如潮，时尚杂志和媒体的首席编辑几乎都出席了，他们坐在安排好的席位上，似乎显得格外兴奋。其实，对于他们来说，每年至少举办两次的香奈儿时装展已经不是什么新鲜事了，但是，在时尚行业沉浮多年的他们却都知道，如果不出席这场盛事，那必定会是一件遗憾的事情。因为只有在这里，人们才能够真切地感受到一个女子的想象力究竟会有多大。

耀眼的灯光照亮了T型台，婀娜多姿的模特们轻移莲步，缓缓而来，她们是美丽的，更是优雅的，正如同主人所要传达给世人的审美观念一样。随着时间的推移，欢呼声此起彼伏，掌声甚至覆盖了舒缓的音乐。然而，作为这场时装秀的主人，香奈儿女士却不见踪迹。她既没有出现在喧闹的人群中，也没有高调地对公众发表一番长篇大论。她，只是一个人，静静地站在装满镜子的楼梯间，通过无数反射着光华的镜子，看着衣香鬓影从面前不断闪过。她知道，自己的时装是被人们喜欢的，只要这样，她便满足了。

朋友们前来道贺，他们看到香奈儿在微笑，那安然的身姿让他们的眼前不禁浮现起，曾经无数个夜深人静时，瘦弱的香奈儿在细碎的灯光下奋斗的倩影。她在浮光下眯起眼睛，打量着衣服的款式，但凡有一点不满意的地方，便要拆了重新缝制。或许，就是这样的每一个针脚，每一寸线条，都是通往时尚巅峰的铺路石。她在抬手之间，在勾描之下，在缝纫之中，便轻轻地绘出了20世纪女性时尚的蓝图，也织出了自己的时装帝国。

香奈儿通过非凡的时装事业创造了另一个无与伦比的自己。作家埃德蒙德·夏尔一鲁曾回忆说：“我记得很清楚，那是 1938 年……那会儿战争还没有爆发，人们争先恐后地大叫着‘快看快看，是香奈尔，那是香奈尔’，人人都知道她，因为她是大名鼎鼎的时装设计师。”

毫无疑问，无论在她生前，还是去世之后，香奈儿女士都是声名卓著的。

许多人都以为香奈儿取得这样大的成就，一定是拥有良好的家世背景，也受到了专业的高端时装教育。然而，与人们想象的并不一样，香奈儿——这个 20 世纪最杰出的时装大师，她既没有显赫的出身，也从没有受到过正规的高等教育，而她的家庭、她的成长，甚至也要用凄苦、悲惨来形容……

香奈儿家族来自塞文山脉中的一个小山村蓬泰伊，自 18 世纪中期开始就一直在这里经营小旅店，但到了加布里埃·香奈儿的祖父亨利·阿德里安时，他并没有像先人一样继续当旅店老板，而是走出了悠闲、封闭的蓬泰伊。

没有任何技能的阿德里安，最初在桑蚕养殖场干着出卖苦力的工作，后来因为勾引了养殖场主的女儿并致其怀孕，被赶了出去。为了生存，阿德里安带着这个意外得来的怀孕新娘四处流浪，成为了走街串巷的小商贩。

1856 年，香奈儿的父亲阿尔贝·香奈儿在收容所里出生，当时医院的职员在登记他的姓名时，误将香奈儿（Chanel）写成了夏尔奈（Chasnel）。此后，香奈儿家族很长时间被称作夏尔奈家族，甚至在香奈儿去世前，这一称呼也一直没有得到更改。

阿尔贝继承了父亲的职业，也成为了一个漂在路上、居无定所的商贩。1881 年，阿尔贝在让娜·德沃勒的家乡库尔皮埃尔村短暂地停留下来，并租了他们家的房子。让娜是个孤儿，父母很早就去世了，她和哥哥马兰一起生活。虽然没有父母可以依靠，不过这对兄妹的生活还算富足，马兰继承了父亲的木匠铺，让娜则成为了一个裁缝。

小村庄平静的日子因为阿尔贝的到来而被打破，能言善辩的阿尔贝不仅和村姑们聊得火热，还成功吸引了天真的少女让娜，就像当年他的父亲母亲一样。他和让娜一起聊天，一起偷偷地约会，一起像情侣一样生活着。在让娜心中，完全把阿尔贝当成了一个可以依赖和信任的丈夫，然而，当让娜怀孕之后，当她还沉浸在甜蜜的幻想之中，期待着阿尔贝风风光光地迎娶她时，这个被她认定的男人却突然消失了。

19 世纪的欧洲，民风还不像现在这般开放，未婚先孕在许多人心中都是不能被接受的事情，是一个女子不洁的表现。看见让娜日益鼓起来的肚子，当地的人们议论纷纷，脸上的鄙视显而易见，这令德沃勒家族颜面尽失。后来，让娜的哥哥马兰经过多方打听，终于发现了阿尔贝的行踪，于是，可怜的让娜，拖着 9 个月的身孕便独自踏上了千里寻夫的道路。

在塞文山脉对面小镇上的客栈里，历经艰辛的让娜找到了阿尔贝，也是在这间客栈里，她生下了第一个女儿朱莉娅。但是阿尔贝只承认这个孩子，却拒绝与让娜结婚。或许是阿尔贝许下了什么承诺，或许是让娜觉得自己要跟着孩子的父亲，尽管没有名分，她却依然追随着阿尔贝的步伐来到了索米尔，一个以盛产葡萄酒著称的城镇。

阿尔贝继续东奔西跑，而在朱莉娅还不满 3 个月大时，让娜再次怀孕了。这个婴儿便是后来的香奈儿。按照香奈儿自己描述的情形，她的母亲是在去找父亲的路上早产的。

“因为那时候的穿着，我猜没有人看得出来我母亲就要生产了。有人帮助她，他们非常友善，把她带回家并派人去找医生。我母亲不想留下，坚持要去找父亲。‘您可以明天搭另一趟火车，’他们这样安慰她，‘您明天会找到丈夫的。’但医生发现我母亲根本没有生病，他宣布说：‘这位夫人没有生病，她要生孩子了。’这时，这些和善的人都震怒了，想把她扔出门去。但医生坚持叫他们照顾她。人们把她带到一家医院，我就在那儿出生了。一个医护修女成了我的教母。”

香奈儿的描述非常详尽，但这种说法却是错误的。尽管她出生时父亲不在身边，而她却同父亲阿尔贝一样，是在一家济贫院里降生的。甚至她的名字“加布里埃”都是医院的职员临时取的，因而她后来宁愿别人称呼她的艺名“可可”，也不愿被称为“加布里埃”。

香奈儿出生时，她的父母依然没有结婚，以至于她成年后一直耿耿于怀，不遗余力地编织着充满温馨的童年故事。她是那样害怕自己是私生女的身份遭到暴露，尽管在她出生 15 个月后，她的父亲阿尔贝终于和让娜补办了婚礼。

即便是这次迟到多年的婚礼，也是让娜做出了极大的让步才实现的。他们的婚前协议规定：除了一份 5000 法郎的嫁妆外，让娜还要提供结婚的家具以及价值 500 法郎的个人财产，她和阿尔贝要将他们共同的财产遗赠给两人之中更长寿的那个人。协议并没有说明作为男人的阿尔贝要付出什么，他只需坐享其成。显而易见，这对让娜是不公平的。

婚姻并没有给他们的生活带来什么改变，这对夫妻此后又搬了几次家，不过始终没有脱离贫民区，而阿尔贝想成为葡萄酒商的愿望也没有实现。在不停的搬迁和漂泊不定的生活中，让娜又生下了儿子阿方斯和小女儿安托瓦妮特。这个时候，让娜的身体每况愈下，她决定带着四个孩子和丈夫一起回到家乡库尔皮埃尔村。

阿尔贝却很快离开了，他觉得自己的前途在路上，而让娜不确定丈夫是否还会回来，她将孩子托付给娘家后，便像多年前一样，再次追随着这个不安定的男人继续远行。无论是在马车上，还是在热闹的城镇里，抑或是在市场上的摊位前，她始终坚定不移地站在丈夫身边。

父亲的不尽职责，母亲的自我牺牲，在香奈儿心中留下了难以消除的影响。没有父母的陪伴，香奈儿喜欢到教堂的墓地里玩耍，尽管这里并没有埋葬着她的任何一个直系亲属。她带着礼物，包括鲜花、叉子、勺子和其他能从家里拿出来的物品，绕着坟墓一一摊开。她喜欢对着墓碑说话，后来她解释说，因为她更喜欢向死者敞开心扉。

1889 年，当香奈儿长到 6 岁时，她的母亲让娜在一个贸易城镇里又为她添了一个小弟弟，名唤吕西安。而当香奈儿 11 岁时，让娜的身体陷入了难以抵挡的衰退中，在 2 月一个寒冷的早晨，年仅 32 岁的她在寂静中离开了这个世界，而当时她的丈夫依然还在路上。香奈儿后来断言她的母亲死于结核病，不过长期漂泊、贫困和反复怀孕都有可能是死因。

香奈儿失去了母亲，她的父亲阿尔贝再也没有出现。这个男人留下了 5 个孩子，不知道又漂到了哪里，或许，在他的心里从来都没有认识到自己是一个父亲。

很快，香奈儿三姐妹就被送到了奥巴辛孤儿院，她的两个弟弟则被“寄养”在一个农家，从 8 岁起就成为了不用付酬的童工。相较于弟弟们的遭遇，香奈儿姐妹还算是幸运的。奥巴辛孤儿院由玛丽圣心会的修女管理，女孩们在这里可以拥有学习功课的机会，虽然她们也要学着给床单缝边，给婴儿织毛衣。

如同隐瞒自己最初的出生地点一样，香奈儿在成名后也始终不承认自己是被父亲抛弃的。她在孤儿院里，经常昂首挺胸地对同学说，父亲正在美国寻找发迹的机会，他很快就会来接自己回家的。她甚至将孤儿院的这段生活描绘成是在姨妈家度过的，并绘声绘色地描述了遭到凶狠姨妈拧耳朵的场景。

除了虚构一些并不存在的片段，香奈儿很少向朋友们提起奥巴辛孤儿院，甚至对与她很亲密的甥孙女加布里埃·拉布鲁妮都绝口不提。当记者们询问拉布鲁妮时，她说：“我连做梦都没想过要去询问她的过往。就算我问了，她也会告诉我那不关我的事。她总是说她对将来的事更感兴趣，而不是那些已经过去的事情。”

后来，香奈儿在一次更为详尽的叙述中主动透露了自己的想法：“我了解到我的父亲把我母亲给毁了，可怜的让娜。尽管这样，她也嫁给了一个她爱的男人。还有就是我不得不忍受人们叫我孤儿！他们可怜我。我没有什么要可怜的，我有一个父亲。这些都是很屈辱的，我意识到没有人爱我。”从这段话中可以看出，香奈儿隐瞒在孤儿院的经历，或许并不是想掩盖自己的贫穷出身，她，只是不想让人们知道，自己是一个孤儿。

不管香奈儿多么不愿意，孤儿院却是年幼的她唯一能够停留的地方。随着在孤儿院的时光飞快流逝，她的缝纫技术日渐精进，但她日夜盼望的父亲还是没有任何踪迹，好在她很少接触的祖父母在这个时候来到了她的身边。

她的祖父亨利·阿德里安终于厌倦了漂泊的生活，带着祖母在穆兰定居。在他们的安排下，香奈儿的两个弟弟被带到穆兰的零售商场里当学徒。

每个礼拜日，香奈儿会到祖父家度过。她的祖父有 18 个孩子，她最小的姑妈阿德里安娜只不过比她大一岁，由于年龄相仿，她们结下了深厚的友谊。她有时也在姑妈露易丝家住下来。露易丝嫁给了一个叫保罗·科斯捷的铁路职工，但两人没有子女，阿德里安娜和香奈儿常去小城阿列河畔瓦雷讷的家里作客。

露易丝擅长女红，并经常按照自己的喜好缝制衣服，在她的影响下，香奈儿学会了如何在做女红时运用想象力。而在露易丝家逗留期间，香奈儿也读到了德库尔塞勒的小说，她被女主人公穿着紫色外衣的描述所启发，决定做一件属于自己的礼服。香奈儿后来描述这件礼服时说：“它有着高领带，并有松垂的飘带和相配的衬裙，紫色，底部嵌有花边。”尽管她在穿着这件礼服去做弥撒时，被长辈命令换上一件得体的衣服，但是这件礼服却在她心里占有重要地位，是启迪她走上时尚道路的指示灯。

日复一日，香奈儿很快长到了 17 岁，不得不面临离开奥巴辛的窘境，因为修道院规定，只有有志于当见习修女的女孩才能在 18 岁后继续留在那里。她的祖母在修女们的帮助下，为她在穆兰找到了一个适合的机构，即修女院寄宿学校。在这之后，她将开启另一段不同的人生经历，而她的梦，她的才华，也将从那里延伸向未知的将来。

人生第一次转折

我的生活不曾取悦于我，所以我创造了自己的生活。

——可可·香奈儿

香奈儿所在的寄宿学校，是一个专门培养军官和绅士妻子的教育机构，主要教导女孩们如何管理家务。除此之外，钢琴、舞蹈等才艺也在学生的授课范围之内，但由于香奈儿和妹妹安托瓦妮特属于慈善救济学生，她们没有资格上钢琴课，每天只能穿着低廉的制服和旧鞋，而且还要参加义务劳动来保有学生资格。

至于香奈儿的姐姐朱莉娅是否也和她一起念了寄宿学校，一直是个谜团。根据香奈儿后来对朋友克劳德·德雷所说的，朱莉娅在 16 岁时就离开了孤儿院并结了婚。当然，这其中还存在另一种说法：朱莉娅在没有结婚时就意外怀孕了，生下一个男孩，并且找了一个名义上的父亲给了这个男婴一个姓氏。在这个孩子的出生证明上注册的名字是安德烈·帕拉斯。不过在 1910 年朱莉娅去世之后，这个孩子像她的母亲一样，成了孤儿。香奈儿一生中很少提及她的姐姐，即使偶尔提到的时候，说法也时常自相矛盾。“她只爱修道院。”她这样告诉克劳德·德雷，但又声称朱莉娅很爱自己的丈夫，当她发现他有一个情妇的时候就割腕自杀了。此后，香奈儿一直视如己出地抚养了她的小外甥。

先不说朱莉娅是在什么时候怀孕的，又是否拥有法律认可的丈夫，有一点可以肯定的是，香奈儿和朱莉娅的关系并不好。她们是亲姐妹，但是两人的观点却大相径庭。在香奈儿看来，朱莉娅不应该重走母亲的路，更不应该在没有生活保障的情况下就轻易生下孩子。从这方面来看，香奈儿和年龄相仿的姑妈阿德里安娜就相似多了，她们都渴望美好的爱情和婚姻生活，不过却也深刻地认识到，仅仅当一个生子机器，并不能改变什么。

没有像朱莉娅一样让自己陷入被动的局面中，聪明的香奈儿和阿德里安娜，想方设法要改变贫穷的生活状态，后来，在寄宿学校的帮助和推荐下，她们一起到格朗佩尔时装公司做售货员兼缝纫工。店主是受人尊重的德布坦夫妇，他们允许两个女孩一起住到店铺的阁楼上，这让两人避免了每天在路上疲于奔波，从而能够一门心思地投入到工作中。

香奈儿在针线缝制方面特别干练，她为那些来订做嫁妆和新生儿用品的贵族女士服务，也为普通客户缝制裙子、刺绣品、围巾、内衬织物和丧葬黑纱等。

在格朗佩尔时装公司，香奈儿前后一共待了一年半的时光，但她却再一次“遗忘”了这段经历。她对朋友说自己是在姨妈的草场上度过的少女时期，那儿的草不高，不适合喂养奶牛，但马却很喜欢吃。她也时常谈到“去她姨妈家买马”的军人，她说：“他们是漂亮的轻骑兵或者佩戴黑胸饰和天蓝色肋状盘花纽，肩披短披风的追击兵。他们每年乘坐装备精美的四轮马车来；他们掰开马嘴看马龄，敲击马的关节查看有没有炎症并拍拍马的侧腹部；这是重大的节日，混杂着我的颇多不安的节日：他们会不会夺走我最喜欢的那些马呢？”

事实上，香奈儿虽然编造了一个拥有马场的姨妈，不过她在穆兰生活的时期，那儿确实驻有几个军团，其中第十骑兵团位居所有兵团之首，在这个兵团服役的士兵也都是贵族出身。英俊潇洒的士兵身穿红色马裤、戴大檐帽，频繁地在穆兰镇上走动，吸引了众多年轻女孩的目光，也俘获了她们的芳心。

或许是命中注定，这些士兵走进了香奈儿的生活。为了得到一些额外收入，21 岁的香奈儿在每个礼拜天也到毗邻的裁缝店工作，就是在这里，骑兵团的士兵经常前来光顾。但香奈儿此时对未来还没有认知，也不知道士兵们对自己的人生将会产生什么样的影响。

在一个礼拜日的上午，6 个年轻的上尉军官到裁缝店修改马裤，他们要为即将到来的马术比赛做关键的服装准备。军官们最初的注意力只停留在华美的服饰上，全神贯注地看着两双漂亮的手在衣服间上下翻飞。渐渐地，有的军官视线上移，发现了这对美少女组合：一个皮肤白皙，气质出尘；一个虽然黝黑，但美得迷人。

一位军官询问姑娘们的情况，知道她们是在这里工作，便大胆地邀请她们去看即将举办的跨越障碍比赛。理所当然的，在比赛结束之后，他们又趁机请她们吃了甜点。姑娘们和军官就在一次次的交往中渐渐熟稔起来。有时候，香奈儿在赴约时甚至还带上小妹安托瓦妮特。貌美如花的 3 个女子走在一起，特别养眼，她们轻盈的身姿、欢快的笑声，无不吸引路人的目光。因此，3 人也被称为“美惠三女神”。

到了后来，军官也时常带她们去参加专为驻军举办的音乐会或是到娱乐咖啡馆。在那个扩音并不流行的时代，演唱者没有辅助的合唱队，只有钢琴演奏家的配乐。为了让自己的歌声能在喧闹声中被听到，表演者需要有浑厚而动听的嗓音，而从晚上 8 点持续到午夜的演出，还需具备足够的耐力。

青春靓丽的香奈儿想要登台表演，并最终在军官们的帮助下得到了一个节目。最初，她是和姑妈阿德里安娜一起表演，但阿德里安娜的嗓音并不适合唱歌，负责人很快便安排她去传募捐盘。于是香奈儿便独自登台，尽管她的声音不够洪亮，尽管她的全部节目只有两首歌《喔喔喔》和《谁见过可可》，但她却投入了全部的热情。

香奈儿演唱的《谁见过可可》是一首小调，表达了一位女子丢失小狗后的心情：

我丢失了我可怜的可可，
我可爱的小狗——可可，
它在特罗卡代罗附近不见了。
如果它还一直跑，它就跑得很远了。
我承认我最惋惜的是，
我的男人越对我欺骗，
可可就越对我保持忠心不变。
你没有碰到我的可可吧？
可可在特罗卡代罗附近消失了，
可可在特罗卡代罗……
谁见到过可可吗？
啊，我的可可，
谁见到过可可吗？

观众们很喜欢香奈儿的表演方式，随即用模仿公鸡打鸣的方式来欢迎她，并用那条丢失的小狗的名字称呼她。就这样，“可可”成为了伴随香奈儿一生的名字。无论是在她被众人瞩目的时候，还是当她经历低潮期，这个名字始终属于她。

香奈儿是一个充满雄心壮志和渴望改变贫穷生活的人，在穆兰唱歌的经历让她产生了一个大胆的想法，那就是要像伊薇特·吉尔贝一样，当一个著名的女歌手。怀揣着这个远大的梦想，香奈儿在阿德里安娜的陪同下，踏上了通往法国举世闻名的矿泉疗养地——维希的道路。香奈儿去维希当然不是度假的，而是为了参加那里每年举办一次的戏剧节。

维希有许多音乐厅，香奈儿希望通过这儿的平台走入歌唱界或演艺界。然而，维希的音乐厅毕竟是专业的，当香奈儿满怀激动和期待的心情前往剧团面试时，剧团的经理却告诉她，虽然她拥有优雅的仪态，但是她的嗓音却不符合专业歌手的要求。香奈儿当然是不愿意放弃的，在当时的她看来，成为舞台上的名人，或许是她改变命运的唯一方式。

想到自己没有得到过专业的训练，香奈儿决定先参加一个声乐和舞蹈课程。在几经寻找之下，一个难题也摆到了香奈儿的面前，无论是什么课程，收费都是非常昂贵的，而她却一贫如洗。为了能够支付起学费，香奈儿在“大栅栏公共饮水厅”当起了矿泉水销售员。她穿上饮水厅提供的白色制服，站在用栅栏围起来的简易站台上，为前来索要饮用水的顾客，递上一杯杯倒好的矿泉水。尽管工作很辛苦，香奈儿却并没有任何怨言，她觉得为了以后的成功，为了不再永远当一个贫女，现在尝到的艰辛都是不值一提的。

热闹的戏剧节很快就进入尾声了，香奈儿渴望在维希找到的机会却并没有出现。她，没有签下一份合同，而她担任售货员攒下的钱也远远不够支付培训课的昂贵学习费。无奈之下，香奈儿放弃了当歌手和演员的梦想，和她的姑妈阿德里安娜踏上回穆兰的路程。

后来，当香奈儿凭借服装事业成为家喻户晓的时尚女王之后，她却避讳对朋友提及她在咖啡馆唱歌和去维希企图成为歌星的经历。她曾经说：“（人们说）我是从随便什么地方，音乐小酒馆、歌剧院或者妓院出来的，我对此感到遗憾，这个说法实在很滑稽。”

不管香奈儿是怀着什么样的心思否定这件事，但当缝纫女工和在咖啡馆唱歌的这一段时光，却成为了她人生的第一个转折点。就是在这一时期，她认识了后来对她的人生影响深远的人。

王苑的岁月

有些人很有钱，而有些人很富有，但只有懂得生活品味的富人才懂得享受人生。

——可可·香奈儿

香奈儿的一生隐藏着许多秘密，常常吸引人们去寻根究底，其中她和第一个情人艾提安·巴勒松一起度过的那段时光便引发了许多传记作者的探究。因为正是这个纨绔子弟，将还是小缝纫女工的香奈儿带进了美好年代的颓废世界，并为她的成功提供了跳板。

巴勒松是穆兰第十骑兵团的一位军官，他出生于贵族之家，家族世代经营纺织业，主要为法国军队供应军装。巴勒松 18 岁丧父，几年后母亲也去世了，他和两个哥哥继承了价值不菲的遗产。没有像哥哥们一样从事家族纺织业，他酷爱赛马，并打算利用继承的那份财产买一个养马场，不过他的哥哥劝说他将这个计划延缓到军役期结束再实施。

在到达穆兰之前，巴勒松曾在阿尔及尔的总督府前担任警戒任务，结果他却堂而皇之地睡着了，并被总督脱下衣服。当全身赤裸的巴勒松醒来时，便被投入了军营的监狱之中。

一次偶然的机会，军队的马匹集体患上了皮肤病，但无论是兽医还是医学专家们，都对此束手无策。巴勒松知道自己的机会来了，他迫使一位军官许下承诺：只要他治好这些马，就把他调回到驻扎在法国基地的军团。结果，巴勒松用他在英国留学时学到的方法，果然将军队的马都治好了，因此也得以调到位于法国中部的穆兰，成为第十轻骑兵团中的一员。

没有人知道香奈儿和巴勒松第一次见面时是什么情况，他们或许是在香奈儿唱歌的咖啡馆里认识的。两人相见甚欢，在香奈儿心里，真诚的巴勒松正是她要寻找和依赖的人，她觉得这个男人比兵团里其他那些贵族出身的士兵们真实自然，也没有摆出一副高人一等的姿态。而在巴勒松看来，年轻漂亮、充满朝气的香奈儿比贵族的千金小姐更有味道，他喜欢听香奈儿唱歌，喜欢看香奈儿骑在马上的个性姿态。

1904 年末，在巴勒松 24 岁时，他以骑兵军官的军阶退役，并决定投入到自己喜欢的赛马运动中。巴勒松为赛马场选中的地方是距离巴黎 70 公里的皮卡第省的贡比涅，这里土地广袤、森林辽阔，从中世纪起就是法国历代国王的狩猎之地，因而赛马训练师与纯种赛马也尤为集中。巴勒松买下了这儿的地产，并将养马场取名为“王苑”。

当巴勒松将这一切告诉香奈儿之后，随时准备利用机遇的香奈儿，心中翻起了惊涛骇浪。那个时候，她和阿德里安娜在穆兰混得风生水起，并与穆兰的名人莫德女士交往甚密。莫德是时尚潮流的倡导者，也是宴会中的主角和上层青年男女的媒人，几乎每个人都将莫德家的宴会视为难得的社交机会。莫德非常喜欢香奈儿和阿德里安娜，她将她们介绍给比第十轻骑兵团士兵更绅士、更富有的黄金单身汉。阿德里安娜有些动心了，作为流动商贩的女儿，她觉得很难再遇到比这更好的机会。

然而，香奈儿却有更为远大的计划，她觉得与其在穆兰这个小地方挤破脑袋向上爬，不如去机会更多、前途更为光明的地方。最终，她只身一人跟随巴勒松来到了王苑，尽管此时巴勒松的庄园内还养着一个情妇，即著名的交际花埃米莉安娜·达朗松。

埃米莉安娜比香奈儿年长十几岁，在她和巴勒松同居前，早与富裕的公爵相交甚密。在很多人心中，她是一个性感的美人，然而，香奈儿对这位风光的交际花却没有好感，她后来与朋友聊天时不无粗鲁地评价道："巴勒松喜欢老女人，他迷恋埃米莉安娜。美丽啊、青春啊，他都不考虑。他迷恋那骚货，与那个女的在一起，更令家族蒙羞。"

的确，巴勒松与埃米莉安娜的关系非常混乱。有段时间，埃米莉安娜甚至背着巴勒松交了一个新情夫，而巴勒松则继续与别的姑娘寻欢作乐，其中一些姑娘还经常留在他的住宅里。没有人知道这些神奇的现象是如何发生的，不过巴勒松的私生活确实是放荡不羁的，而他与埃米莉安娜的风流韵事也没有维持多长时间，两人不久之后就分开了。

香奈儿被巴勒松带到王苑时 22 岁，但她后来讲述起这段岁月，却将其戏剧化了。她说自己 16 岁就到了王苑，巴勒松常常担心家中藏有未成年人而被警察发现，因而非常害怕鸣笛声。她还说巴勒松不愿意将她介绍给埃米莉安娜，担心她将两人的关系透漏给警察。

不管香奈儿如何粉饰，她在王苑的身份非常尴尬，她不是女仆，不是唯一的情人，当然更不是女主人。甚至有传言称，香奈儿最初是与下人一起挤在配餐室吃饭，特别是当巴勒松接待上流社会的朋友时，因为她的身份很不上台面。

她似乎始终处在一种半参与、半旁观的状态，还是像在孤儿院和寄宿学校时那样孤独可怜，同时随着年龄的增长，她的茫然和自卑也比往日更加强烈。她没有钱，又远离祖父母，远离阿德里安娜，她的情人巴勒松从未尝试着让她被自己的朋友接受，而那些所谓的绅士们在她面前常常表现得令人难以忍受，甚至可以说是完全没有教养。至于那些淑女，香奈儿更是不喜欢，她觉得这些女人故作高贵。她曾经评价一位上层女士“邋遢又俗气”，但巴勒松却回答道：“可是，可可，她是公爵的女儿。”

香奈儿对美好生活的憧憬，被残酷的现实一次又一次击碎了。

她不是贵族，没有地位显赫的公爵父亲，也没有价值不菲的遗产可以继承。在王苑，她的生活是衣食无忧的，却也仅此而已。

香奈儿非常善于观察，虽然她很难适应上流社会无所事事的生活状态，但她迅速地看清了其中的游戏规则，而每一个人也都心照不宣地遵从这种约定成俗的规矩：古老的氏族和富裕的新贵族们，只有通过联姻才能正式加入到巴黎上流社会的1200个声名显赫的家族之列。香奈儿后来描述当时的情形：“成群结队的女人们追逐富家子弟，她们或是为自己寻找良配，或者为女儿挑选乘龙快婿。但我什么也不懂，我认为所有的男人都一样，我看不出这些富家子弟有什么非同一般的地方。”

相比较于应付奢华无聊的酒会和“尖刻而又过于警觉”的贵族女人，香奈儿在王苑最热衷的事情就是学习骑马，无论是风雨交加，还是风和日丽，她始终坚持不懈。她在心里暗暗下定决心，一定要令人们震惊。巴勒松常常亲自教导香奈儿如何掌控马匹，而当巴勒松没有空闲的时候，香奈儿则主动向驯马师、赛马师甚至马夫和饲养员请教。

为了方便骑马，她将头发编成一条辫子，服饰也尽量精简。她不穿带有蕾丝花边的衬裙，也不穿用成排珍珠装饰的貂皮披肩，更别说佩戴足有两英尺高的羽翎帽了。她时常把自己打扮成一个假小子：下身穿裁剪成马夫款式的马裤，上身配以男式高领衬衫和领带，再加上一顶平顶草帽，这便是她最常见的形态，潇洒恣意。

靠着坚韧不拔的毅力和自信的心态，香奈儿成就了非凡的骑术，这不仅令巴勒松刮目相看，也给那些上流社会的绅士和贵妇们留下了深刻的印象。当时的一位著名赛马师瓦莱里·奥利维耶曾称赞香奈儿道："她在马背上一点都不害怕，这令我们赞叹。你永远不会想到她会成为可可·香奈儿。对我们来说，她就是艾提安·巴勒松的小朋友。"赛马师的评价并没有夸大其词，当香奈儿80多岁的时候，她甚至还能用通俗的养马术语解释，为什么女性的正确骑马姿势应该是跨骑。

香奈儿在王苑独自"奋战"时，她亲爱的姑妈阿德里安娜陷入了一段看似美好的爱情之中。在莫德家，阿德里安娜遇到了英俊帅气而热情奔放的追求者莫里斯，她瞬间坠入了爱河。这个男子唇上留着滑稽的胡子，但脸上总是挂着迷人的微笑。

有一张照片说明了两人之间的亲密关系，在这张黑白照片中，阿德里安娜和莫里斯一起坐在敞篷马车上，那时的阿德里安娜身着华丽的服饰，头戴羽翎帽，怀中抱着一条可爱的宠物狗，看起来非常幸福，而眼睛微闭的莫里斯也呈现出异常享受和快乐的神情。然而，事实上，阿德里安娜的爱情之路走的并不顺利。

莫里斯的父亲是地位尊贵的男爵，他听到儿子要迎娶一个售货员，坚决反对，甚至威胁要剥夺莫里斯的继承权，而她的母亲则直接放声大哭。莫里斯知道让父母同意自己的婚事是一件不可能的事情，不过他还是和阿德里安娜恋爱了，他觉得一切都可以等待。

尽管有了恋人，阿德里安娜和香奈儿，以及香奈儿的弟弟阿方斯和吕西安始终保持着联系。此时的阿方斯成为了一名报刊销售代表，而在致使一个纺织女工意外怀孕后，他选择了结婚，并在奥巴辛附近的小村庄里定居。

同哥哥一样，吕西安也从事报刊批发行业，但他始终没有放弃过寻找父亲阿尔贝。在部队服役一年后，他便踏上了去诺曼底的道路，因为香奈儿家族的每一个成员都听到传闻，阿尔贝极有可能在诺曼底销售陶器和缸瓦器等产品。果然，1909 年，吕西安在那里发现了下落不明的父亲。这个丢下 5 个孩子的男人，正和一个年轻的女子同居，他见到儿子后没有任何尴尬的神情，反而高兴地邀请儿子举杯欢饮。不过不久之后，他再次消失不见了。吕西安听说，父亲得罪了警察，只能四处躲藏起来。他没有继续等待父亲回来，也没有再去追寻父亲的步伐，而是独自回到了瓦雷纳做鞋子方面的生意。

从阿尔贝的种种行为来看，他是一个极不负责的父亲，自私，冷血，没有担当。所以，香奈儿对父亲的态度也是非常矛盾的，她一方面憎恨父亲带来的痛苦，同时又极度渴望父亲能够回到身边，让她不至于因为是个孤儿而备受冷眼。但当她得知父亲见到吕西安后依然事不关己地过着自己的生活，她彻底失望了。冷漠的家庭促使香奈儿产生了改变生活状态的强烈欲望，她不想再继续贫穷下去。作为没有嫁妆的孤儿，她不指望那些打算迎娶体面新娘的贵族青年能看上自己，她希望通过自己的努力获得成功。

有一件非常耐人寻味的事情，就是当香奈儿 70 多岁时，她和朋友谈起巴勒松，曾经提到巴勒松的哥哥雅克极力劝说她成为巴勒松的妻子，但香奈儿觉得他的提议非常可笑，她说自己并不喜欢巴勒松，结果雅克生气地说道：“你将来的结局会很惨，将来你会是什么样子呢?”香奈儿的回答则是“我不知道，我也不在乎，我要工作”。而雅克则更加不客气地反驳说：“工作？你什么也不懂。”

雅克不知道的是，当时在巴勒松的客人中，有许多女人都在打听香奈儿那富有个性的帽子是在哪里买的。她们肯定不会想到，那些看起来典雅别致的帽子都是出自香奈儿之手，而正是这些设计新颖、形式独特的帽子成为了香奈儿事业的第一步。

1908 年，香奈儿 25 岁了，此时她在王苑度过了 3 个悠闲安逸的年份。她觉得不能再等下去了，依靠男人生存、看他们的脸色获得零花钱，并不是她想要的生活。在一天清晨，巴勒松正在阳台上看报纸，香奈儿走过去问他自己将来会有什么遭遇。巴勒松并不理解她的心情，他奇怪地反问道：“怎么啦，你现在没有什么问题吧?”香奈儿告诉巴勒松，自己不能靠骑马度过下半生，她想要有自己的工作。

香奈儿给巴勒松讲述了自己关于帽子的想法，以及埃米莉安娜带上她制作的帽子所产生的轰动效应。在当时的赛马场上，女士帽子由于过分装饰而显得累赘、不实用，而香奈儿以简单的平顶硬草帽为基础，改变了帽檐形式，并用带子、蕾丝、嵌条装饰帽子，创造出优雅而兼具实用功能的女帽。这些帽子成了那些贵族女人的宠儿，她们在得知帽子是香奈儿亲自设计时，便纷纷请求香奈儿装饰自己的帽子。

巴勒松为香奈儿的言论感到兴奋，但当香奈儿请求他在巴黎开一间女帽店时，他犹豫了。因为这样一来，他不仅要为她提供贷款担保，而且香奈儿也会远离赛马场所在的贡比涅，更何况他始终不相信香奈儿能够成为一个女帽商，或许她只是一时兴起也说不定，巴勒松在心里这样想着。后来，耐不住香奈儿的纠缠，他让步了，同意在贡比涅为她开一间女帽店。但香奈儿这一次却特别坚持，一定要将店面开在巴黎。之前她和阿德里安娜去巴黎时，早已被那儿的繁华和街头的潮流所感动，她觉得自己生来就是属于巴黎的。

然而，在那次谈话不久之后，巴勒松就起程去骑术中心阿根廷访问了，他决定如果香奈儿再提出这个要求，他就将位于巴黎马勒塞布大道上的公寓借给香奈儿使用。只是他没有想到，香奈儿在这个时候遇到了另一个从心里认可她能力的男子，这便是香奈儿一生的挚爱亚瑟·卡佩尔。

依然想去巴黎

你的生命只有一次，还是有趣点好。

——可可·香奈儿

如果说巴勒松军官为香奈儿带来了不一样的世界，那么亚瑟·卡佩尔则是香奈儿塑造独立人格的“催化剂”。更为重要的是，尽管香奈儿一生中有过众多情人，甚至是囊括了那个时代各个领域的精英——贵族、商业家和艺术家，但她唯一爱的便是这个小伙子——亚瑟·卡佩尔。

卡佩尔来自英国天主教家庭，他的父母分别是亚瑟·约瑟夫和佛洛拉·卡佩尔，家族依靠采煤发迹并有了一定程度的积蓄。卡佩尔生于 1881 年，先在一个耶稣会学校上学，然后进了天主教寄宿学校，在完成学业后便直接投身到经营商业中。他是一个工作狂，年轻有为，眼光独到，很快就将父亲留下来的资产不断扩大。

然而，尽管卡佩尔具有严谨的天主教教育背景，却不妨碍他成为一个风流倜傥的浊世佳公子，更不妨碍他发展出打马球这一兴趣爱好。由于相近的圈子和对马的共同喜爱，他和巴勒松成为了朋友，两人经常在一起分享关于赛马的经验。

在巴勒松的庄园内，香奈儿与卡佩尔相遇了。香奈儿曾经描述她第一次遇到卡佩尔的情形：“我遇到一个英国人。我们在一次策马远足中相识，那时我们都生活在马背上。这个年轻的男人英俊帅气，肤色晒成了古铜色，非常迷人。他不仅英俊，更出类拔萃。我陶醉于他的那种漫不经心，和他那绿色的眼睛。”

卡佩尔的确是一个有魅力的男人，他没有像其他贵族男子一样只是一门心思地追求家族财富的翻倍，也没有只沉湎于花天酒地的享乐之中，而是将事业与娱乐结合在一起，既享受工作和赚钱带来的快乐，也从不委屈自己的兴趣爱好，无论是对马球，还是对漂亮的女人。

在相识之后，卡佩尔和香奈儿经常一起赛马，一起品尝醇美的葡萄酒。酒是“新酿的，醉人的，风味尤绝”，而就在这种醉人的甜美味道中，香奈儿的心渐渐沦陷了。她喜欢卡佩尔，这个男孩比巴勒松更理解她，懂得她的困苦，也认可她的能力和梦想。

香奈儿心境的变化并不是没有道理的，通过三人之间的对话便可看出来。有一天深夜，卡佩尔和巴勒松正在温暖的火炉前喝白兰地，香奈儿走到了他们身边，那时巴勒松没有动，而卡佩尔马上给香奈儿倒了一杯酒。

火光摇曳之中，香奈儿迫切地谈到了自己想要在巴黎开女帽店的愿望。这不是她第一次对巴勒松说到这件事，但是巴勒松始终没有给她一个明确的答复，甚至带着怀疑的目光告诉她，在巴黎开女帽店是不现实的，那儿已经存在太多的女帽商。似乎是为了安抚女伴，巴勒松同时也说道，如果香奈儿坚持要在巴黎开店，他可以将自己在马勒塞布大道上的公寓借给香奈儿使用，一如他以前就做出的决定。

香奈儿当然是不开心的，或许她只是想要得到认同，赛马场上有那么多女人喜欢戴她设计的帽子，那么，她在巴黎开女帽店怎么就不可以了？香奈儿和巴勒松争论，这时卡佩尔端着酒杯来到她的身边，用坚定的语气说他认为这是一个好主意。面对巴勒松诧异而又不理解的神态，卡佩尔再一次发出掷地有声的反问："为什么她不该做她想要做的事呢?"然而，巴勒松还是无法相信香奈儿这样一个孤儿，能够靠做帽子谋生。谈话不欢而散。

第二天香奈儿再遇到卡佩尔时，这个男子要动身去巴黎了。没有犹豫，香奈儿跟着他进了房间，追问他什么时候离开，在得知他搭乘的是当晚的火车，她的心再一次乱了。离别在即，她喜欢的人要去她想去的地方，而她现在还是另外一个人的情妇，她该如何选择?

迟疑不决，从来都不是香奈儿的风格。她心里清楚地知道，如果继续和巴勒松在一起，她这一辈子都只能是仰人鼻息的情妇，没有明确的地位，没有未来，更没有尊严。但是卡佩尔带给她的感觉却不同，这个男人雄心勃勃，他理解自己并不是一个只想当“寄生虫”的女人，他能够在事业上给自己提供帮助，更何况她心里很喜欢他。

短暂的考虑之后，香奈儿马上做出决定，她要去巴黎。匆忙之中，她给巴勒松留了一张纸条：我要与小伙儿卡佩尔一起离开，原谅我，因为我爱他。此时的卡佩尔却并不知道香奈儿的决定，他还在车站里回想着香奈儿的身影时，这个女子却真实地出现在他的眼前。

作家露易丝·德·维尔莫兰是听过香奈儿讲述这段故事的人之一，她曾经问香奈儿：“当他看到你在月台上时，他说了什么？”

“他张开了双臂。”香奈儿笑着回答。

无疑，香奈儿和卡佩尔是互相爱慕和心有灵犀的，而香奈儿的大胆行为更是促进了他们爱情的进一步萌发，也促成了后来香奈儿在巴黎时尚界的大放光彩。

卡佩尔在巴黎的公寓位于加布里埃尔大街，这条街道一直延伸到与香榭丽大街相平行的林荫大道上。他和香奈儿是在第二天到达巴黎的奥尔良车站，接着乘坐出租车来到公寓。卡佩尔不如巴勒松富有，他能为香奈儿提供金钱，只是无力再拿出另一套房产供香奈儿开店，于是香奈儿只能继续依靠最初的情人巴勒松，即在他的那套高档公寓中销售女帽。

说到巴勒松，他在香奈儿追随卡佩尔离去后，并没有断绝与两人的交往。当他从阿根廷回来之后，香奈儿和卡佩尔曾经回到他的王苑探望。巴勒松似乎是刻意遗忘了之前的事情，他给香奈儿带回来一袋柠檬，尽管香奈儿打开时柠檬已经全部烂掉了。

“那么你和你的英国情人现在发展到什么程度了？”当巴勒松找到与香奈儿单独相处的机会，他忍不住问道。

“我们……就是男人和女人通常达到的那种阶段。”

“那好极了，继续下去吧。”

这一段对话简单直白，似乎在巴勒松看来，他被香奈儿“抛弃”并不是一件需要哭天抢地和花费心思的事情。然而，事情却远没有那么简单。

巴勒松在私下里也和卡佩尔进行了一次绅士式的交谈，他问卡佩尔是否真的喜欢香奈儿。卡佩尔回答道："是的，一点不假。"于是巴勒松继续说道："如果你喜欢她，我亲爱的朋友，那她是你的了。"

对于这样的结果，卡佩尔再开心不过了。他来自英国传统家庭，对于三人之间越来越复杂的关系早已迷茫不已，如今得以决断自是舒了一口气。只是他依然无力独自承受香奈儿开店的全部资金，他向巴勒松说起了这个问题，结果巴勒松大方地许诺道："我不介意帮助她，既然她想要进入时尚界，她可以用我的公寓，但仅此而已。"

解决了资金和店面的问题，香奈儿在巴黎真正投入到女帽的事业中，她从商场里买来大量普通的平顶草帽，然后加入自己的想法和设计元素。

巴勒松的公寓在更为繁华的马勒塞布大道上，这条林荫大道起于玛德莱娜教堂，经过聚集旧贵和新富两种不同名流的第八和第十七区，周围客流量和潜在的消费群体巨大。不过，最初的时候，香奈儿的客户还是巴勒松从前的情妇和女性朋友。而凭借良好的口碑和新颖的设计，这些客户又带来了她们的朋友，于是女帽店被越来越多的人知道，但巴勒松的公寓已无法容纳众多时髦的女人们，香奈儿将目光投向了街道。

此时卡佩尔的资产也在不断增加，他为香奈儿在康朋街预付了一家商铺的定金，希望香奈儿能拥有属于自己的专卖店。然而，这一次，香奈儿却希望由自己完全支付开店的成本。

在一个晚上，她和卡佩尔用完餐，卡佩尔突然告诉她说已经支付了担保她的抵押金。香奈儿有些委屈，她觉得卡佩尔还在把她当作情人，她丢下卡佩尔，怒气冲冲地走进了大雨之中。而当卡佩尔追上她时，两个人都成了落汤鸡。多年之后，香奈儿提起这件事，依然笑得甜蜜。这是属于她和卡佩尔之间的浪漫。

康朋街是巴黎的时尚中心，街道虽然狭窄，却遍布了许多名牌专卖店。在康朋街西 21 号，香奈儿拥有了一席之地。她从公寓里带来喜欢的物品，并聘了一个专门的助手。她告诉助手说："我在这儿是要发财的，以后没有我的允许，任何人不得乱花一分钱。"

香奈儿雄心勃勃地来到了康朋街，随她而来的还有女人探究的目光。

许多人不知是嫉妒、不安，抑或是单纯的好奇，她们成群结队地涌向这里，来买她的帽子，也来见一见她到底是何方神圣。香奈儿对此非常反感，只要有客户点名要见她，她就躲起来，只让助手前去接待。

其实，香奈儿最初不见客户，是怕她们嘲笑自己，或者话不投机。但聪慧的她很快就发现，越是自己避而不见，越能勾起这些女人的好奇心，而她们也会时常光顾自己的女帽店。同时，客户的主流群体也在渐渐改变，从赛马场的那些女子，到上流社会的女性甚至一些时装公司，不能不说，香奈儿是成功的。

一些人评价她的帽子并没有什么特别出彩的设计，但就是与众不同，充满了反叛精神。这或许便是香奈儿的独到之处，她了解女性，知道她们需要什么。

1913 年春天，香奈儿的姑妈阿德里安娜和情人莫里斯来到巴黎。此时的阿德里安娜经过多年的无望等待，终于明白莫里斯的父母永远都不会认可自己，而莫里斯尽管非常喜欢她，对此却也无可奈何，他们唯一能做的就是等待两位老人故去。

阿德里安娜和情人在蒙梭公园大街租了一套公寓，她时常到香奈儿的女帽店做客。看到香奈儿每天既要忙着设计帽子，又要照顾生意，她建议让香奈儿的妹妹安托瓦妮特到店里帮忙。此时的安托瓦妮特已经25岁了，长得肤白貌美，尽管不具有如同姐姐一般的设计天赋，但她活泼热情，并且具有香奈儿家族特有的勤劳美德。

有了安托瓦妮特和阿德里安娜的帮助，香奈儿把更多的时间投入到思想火花的碰撞中。她不会绘画，甚至素描也懂得不多，但是只要她瞥一眼前来选购帽子的顾客，她就能明白哪一顶帽子是最适合客户，最能体现客户的气质。

凭借独特的时尚触感和敏锐的判断力，香奈儿越来越得心应手，而她也开始真正体会到巴黎这个时尚之都的韵味。穿梭在遍布众多名牌之店的大道上，香奈儿觉得时尚充斥着这个城市的每一个角落，而竞争更是无处不在，到这时她也意识到巴勒松所说的“巴黎并不缺女帽商”是什么意思，但她是香奈儿，一切都无可畏惧。

客户越来越多了，康朋街女帽店带来的利润，已经让香奈儿足够独立生活，她不再需要依靠卡佩尔的金钱才能活下去。对此香奈儿非常开心，她觉得自己终于和卡佩尔站到了平等的地位，她是他的恋人，而不是像寄生虫一样的情妇。

两人经常成双成对地出现，看起来非常相配。卡佩尔对香奈儿的照顾无微不至，甚至是香奈儿那已经去世的姐姐留下的孤儿，卡佩尔也像对待自己的孩子一样。他把这个孩子送到了自己曾经就读的学校念书，放假期间则时常带着孩子玩耍。

当然，香奈儿对卡佩尔也是全身心的付出。尽管知道卡佩尔因为做生意要在各地奔跑，尽管知道卡佩尔除了自己还有别的女人，但是香奈儿每一晚都穿上漂亮的衣服，化上精致的妆容，仿佛时刻准备着卡佩尔的到来。她其实很多时候都不知道卡佩尔是否会出现，但是万一他来了呢？她想让恋人看到最美的自己。

事业蒸蒸日上，恋情甜蜜和谐，在外界看来，此时的香奈儿便是受到了命运的眷顾，而知道她的过去的人们，更是惊讶得瞪大了眼睛，他们觉得一切都是这样不可思议。然而，不管外界如何议论，又是如何好奇，香奈儿却知道这只是开始，她心里还有许多想法等待实现。此时她也更加坚信，自己来到巴黎是对的，这儿的气息让她兴奋而又熟悉。

第二章

走上时装之路

她总是穿着充满强烈个人风格的服饰：宽松上衣、小黑裙、泳装、网球裙和沙滩凉鞋，她对着摄影师轻轻挥动着手臂，姿态优雅极了。虽然她的时装灵感大多来自男人的服饰，布料也是不被人看好的廉价物：用毛织品取代了丝织品，用内衣的针织布料来做外套。但不可否认的是，她主导了20世纪的服装新潮流。

成为设计师

女性的身体在礼服、花边、胸衣、内衣和垫料下面汗流不止，是我解放了她们的身体。

——可可·香奈儿

在女帽店上小试锋芒便旗开得胜，香奈儿信心大增，她不再满足于当一个帽子商人，而是大胆地涉足倾心已久的服装业。她把康朋街的女帽店改为服装店，并且自行设计，自行缝纫，全面投入到服装行业中。她不知道等待自己的将是什么，也不知道自己的服装是否会受到欢迎，但是她就是要推出不一样的服饰。这便是香奈儿，想到了便去尝试。

其实初到巴黎时，香奈儿对时装就有自己的想法，凭借善于观察的天性，她发现巴黎的女人虽然爱美，却只是停留在过去的时尚中，衣服式样保守且陈旧，尤其是上流社会的贵族女子，她们为了彰显自己尊贵的身份，在社交场合穿着的裙子常常带有长长的裙裾，走起路来像一个僵硬的斗篷，不仅毫无时代感，而且看起来非常滑稽可笑。

作为女人，香奈儿当然也穿过这样奢华却束缚行动的服饰，她深深地明白这并不是自己想要呈现的状态。她爱自由，也爱运动，而繁琐的服饰无疑阻碍了她的步伐。

谈到服装，香奈儿说过：“我曾经幻想穿上无比华丽的裙子的年纪，幻想女英雄们会穿的漂亮裙子的年纪，已经一去不返……我甚至都没有那些修道院制服，在童年时我曾为之自豪和雀跃，披肩上点缀着圣灵或者圣母圣童徽饰的丝带；我不再想着花边，我知道所有浮华的东西都不适合我，身边只留着我的山羊皮大衣和那些简洁的衣着。”

经过时光的沉淀，香奈儿成了简单主义的崇尚者，她觉得衣服既美观又便于行动才是值得购买的。然而，想法是独特的，但面临的挑战却是艰巨的。在当时的巴黎，流行的服饰风尚依然致力于突出女性的曲线美，以及丰乳肥臀的窈窕之感，而想要向传统发出挑战的女子，则往往选择保罗・波烈设计的时装。

波烈是一位多才多艺的艺术家，他的父亲是个布商，因此他小时候就与服装结下了不解之缘，常常溜进时装发布会场观摩最时兴的服装，而他通过艺术家独特的眼光，也发现了香奈儿注意到的问题，烦琐的服饰对女性束缚太大了。基于此，他将女性服饰的腰节线提高，把服装变得宽松简洁，并减少装饰，成功将女子从紧身胸衣和矫揉造作的S形中解放出来。而为了补偿女性服饰上的变化，他也用羽毛、褶皱和绚丽的颜色来弥补服饰带给人的单调之感，因此他设计的服装深受女人的欢迎。

显而易见，如果香奈儿复制波烈的道路，不会成功，这个比她年长四岁的设计师，当时已经称霸了巴黎的时装界。但香奈儿才不会退缩，不能模仿，她便要创新。

那到底该如何表达自己对服饰的想法呢？香奈儿流连在巴黎的街头，看着，想着，却一直没有明确的思路。而在一次偶然中，命运却将机会送到了她的眼前。那一天气温突降，感到寒冷的香奈儿随手将卡佩尔的马球衫披在身上，因为男人的衣服过于肥大，她将腰部束了起来，然后轻挽袖子。就是这样简单随意的搭配，却带来了不一样的效果，香奈儿觉得整个人瞬间变得潇洒起来，别有一番迷人的气质。很快，这种装扮在她的朋友间流行起来，她们纷纷效仿，一时间竟演变成了一种时尚。

敏锐的香奈儿，想要对服饰做出改变的香奈儿，立即从中发现了机会，她觉得一切突然变得明朗起来。她从布厂买来一批白色布料，参照男式衬衫的样式，亲自动手设计、剪裁和缝制了属于女子的运动型休闲套装。

新的服饰遵从了香奈儿一贯的审美风格，简约低调而又优雅大方：衬衫线条简单，宽松舒适，下摆松松地垂着，腰间随意系着同色系的腰带，袖口、领子等地方也没有多余的装饰花边；为了搭配这种自由的着装风格，香奈儿同时推出了同色系的直筒裙；在材质的选择上，香奈儿也独辟蹊径，没有采用大牌设计师偏好的华贵面料，而是以廉价的针织布料为基础进行剪裁，因为她更在意的是服饰的舒适度，以及是否契合款式。

然而，事情并没有香奈儿想象的那样简单，这种挑战传统的服饰刚一露面就受到了卫道士和时尚人士的抨击，他们认为香奈儿设计的服装不仅没有体现出形态之美，反而掩盖了女人特有的曲线，而且服装完全没有装饰品和复杂的工艺，再加上针织物是一种廉价的布料，在当时被认为是除了做内衣之外，不适合任何衣服，因此他们认定这些服装是穷酸的、没有审美可言的，也不适合上层人士穿着。

对于铺天盖地的非议，香奈儿听在耳中，却并不放在心上，她依然我行我素地穿上自己设计的套装“招摇过市”，尤其是在骑马时更是将其作为不二之选。此外，香奈儿还为服装起了个别出心裁、叛逆十足的名字——“穷女郎”。

香奈儿的努力没有白费，在她的自我展示之下，简洁宽松的衬衫和直筒裙很快吸引了女人们的注意力，她们抑制不住对新鲜事物的好奇心，尤其是看到这些服饰穿在香奈儿身上是那样漂亮而引人注目，便更是按捺不住，纷纷抢购起这种另类的服饰。

亲手设计的服装终于有了市场，香奈儿喜不自禁，为了进一步表达出内心对服饰的审美感触，她又接连设计了许多新颖别致、不流于俗套的服装款式。首先是将女裙的裙摆尽量缩短，从原先的拖地改为齐膝，这就是后来著名的“香奈儿露膝裙”；她还是喇叭裤的创始人，别具匠心地缝制了裤脚比较宽大的长裤。然而，香奈儿的创造力并没有就此停步，而是爆炸式地接连迸发，她先后推出了许多清爽明快的新式服装，包括线条简洁流畅的连衣裙、宽大的女套衫、短的风雨衣、阔条法兰绒运动服和漂亮实用的简式礼服等。

这些不同于旧日服装的新产品，像一缕清风在巴黎的时尚界飘荡着，在给女性带来简洁和清爽的同时，更带来优雅的解放。也许正是她的审美观颠覆了过度塑造人体自然曲线的陈旧观念。对此，香奈儿对外宣称：“时尚，就像一道风景，呈现出心灵的状态，我的时尚正呈现了我的心灵状态。”

香奈尔的优雅看似毫不刻意，然而她的这种随性所占领的疆域却需要强大的计划和意志。她的服装，她的事业，回报她的，是终于使她从别的种种压力下解脱了。

可以想象，如果香奈儿当时只满足于既得的成功，只守着女帽店的辉煌沾沾自喜，那么她便不可能塑造出后来的令人瞩目的成就，也不可能让香奈儿这个品牌在多年的沧桑变化中依然站在时尚前沿。

战争带来的机遇

时尚并不仅仅存在于连衣裙中，时尚存在于空气中，是风带来了时尚，我们推动着它，呼吸着它；时尚存在于天上，也存在于碎石路面上；时尚无处不在，它存在于思想风尚中，也存在于重大事件中。

——可可·香奈儿

香奈儿的时尚事业获得了意想不到的成功，她的眼光也越过康朋街，开始搜寻适合开设分店的地方。1913 年，她到距离巴黎 200 公里开外的南部小城杜维埃度假。杜维埃毗邻英吉利海峡，是个遍布乡村风光的世界级都市风景区，也是个富裕而热闹的海滨城市，有钱的巴黎人甚至是伦敦人经常到这里观光游乐，享受赛马、赌博和购买奢侈品的快乐。

看着时髦的女人频繁出入服装专卖店，将为数众多的衣服从店里面运回自己的家里，香奈儿明白，这儿有自己正在寻找的商机。经过反复比较之后，她在位于海滩与赌场之间的贡托比隆大街租下了一个店铺，开设了除康朋街外的第一家分店，并用自己的姓氏“CHANEL”作为店铺的名字。

然而，到了 1914 年夏天，正当香奈儿准备在服装业大展拳脚的时候，第一次世界大战全面爆发，整个欧洲都陷入熊熊的战火之中。面对战争，很多人都为自己的人身安全惶惶不安。及至 8 月下旬，德国军队已经逼近了巴黎市郊，这个繁华的大都市再也不是人们心中的避风港了。男人都上战场了，而女人们则成群结队地涌向还算平静的杜维埃。

这些女子因为着急躲避战火，离开的时候匆匆忙忙，只是带着一些随身物品，但是，爱美的她们还是需要衣服，尤其是美丽的衣服。显然，那种奢华复杂、只适合在安逸场合穿着的服饰是不合时宜的，更何况因为形式所迫，她们需要节省开支，以便将金钱花在更为需要的地方。同时，由于男人都去打仗了，过去一些需要男人干的活也将由女人们来承担，她们需要自力更生，需要挤牛奶，需要护理战争中的伤员，需要开卡车去想去的地方，甚至需要到工厂里赚钱养家，显然，她们在穿着上有着更为实用的要求。

现实情况摆在眼前，从底层发迹，又广泛周旋于上层社会的香奈儿当然是洞悉的，更何况她是这样了解女性，她知道战火中的女人需要什么样的衣服，那便是外观漂亮而便于行动，同时价格低廉，不会占据人们太多的生活消费。

香奈儿的判断是正确的，有一件事给她的印象特别深刻。有一天当她收拾旧衣服的时候，她发现一件旧毛衣的款式有些陈旧，但扔掉又太过可惜，于是她将毛衣从中间剪开，并在刀口处用缎带装饰，然后又添加了衣领和别致的蝴蝶结。这样稍作改动，衣服就能方便地穿上或是脱下来，而无需从头上套来套去。第二天，当她穿上这件衣服的时候，有个女人询问她是在哪里买到的，然后香奈儿告诉对方，如果她想要的话，自己可以将衣服转卖。最后，女人拿着衣服欢天喜地地走了。这件事情给了香奈儿很大的启发，她接着又改造了几件旧衣服，很快就全部卖了出去。于是，香奈儿决定在杜维埃全面推出简单实用的针织服饰。

为了让针织品的挺阔性不是那么明显，香奈儿采用简洁的灰白色和海蓝色，让针织套衫变得优雅。这样的服饰在市场上表现出始料未及的强势状态，甚至一度供不应求。为了满足货源，香奈儿不得不把原来的制帽工都培训成裁缝，开始马不停蹄地工作，结果即使这样，依然无法满足络绎不绝的顾客。

多年以后，香奈儿回忆往事，她不无自豪地说道："每一个人都想见我，我成了一个大名人，也是从那个时候开始，我开创了一种时尚——像明星一样的女装设计师。在我出生前，不存在什么设计师的说法，没有人知道像雅克·杜塞这样杰出的人物所做的任何事情。人们忽视他，就因为他是个裁缝。客户们如果在大街上遇到她，是不会和他打招呼的。"

1914 年 8 月 19 日，30 岁的香奈儿在杜维埃的海滩上给自己拍了照片。在这张相片中，她穿着拖及脚踝的长裙和镶着荷叶边的长裙，外罩一件宽松肥大、带有口袋的开襟毛衫，看起来非常潇洒恣意。但这张照片似乎有着更为深远的意义，她在暗中为自己的服装做宣传，尽管她完全不用担心衣服卖不出去。

杜维埃唯一营业的服装店只有香奈儿的店铺了，她的生意甚至比战前还要兴隆，就在这个时候，安托瓦妮特和阿德里安娜像成千上万的女人一样，逃离了巴黎，到杜维埃投奔香奈儿。与此同时，香奈儿收到了哥哥阿方斯的一封信，他在信中说和弟弟吕西安参军了，他是坦克技师，吕西安是步兵。香奈儿立即给阿方斯回信鼓励他们："我很高兴，知道你有一个月的修养期，好好休息并保重自己。我事情多得要命，忙到没有一刻属于自己的时间。我会给你的妻子写信，不要太担心，也许这一切的结束比我们预想的会更快。"

可见，香奈儿对未来是充满信心的，尽管当时的时局不是很明朗，但她就是知道黑暗不会永远占据人们的生活。果然，到了 12 月份，前线渐趋稳定，局势一时缓和下来，香奈儿像大部分的贵族女子和演员一样，和姑妈阿德里安娜、妹妹安托瓦妮特一起返回巴黎。她只留下了一位女售货员打理杜维埃的店铺，而将工作和生活重心再次转移到巴黎。

巴黎还是原来的时尚之都，但人们的思想却发生了巨大的改变。这一次的世界性战争不仅打破了国家之间的原有格局，也在生活方式和人生态度上带来了革命性的变化。妇女参与社交活动的限制放松了，但上层社会的妇女由于缺乏仆人而不再有娱乐活动，甚至一些人还要亲自打点生活，简单的服饰无疑成为着装主流。

由于战争导致物资短缺，用金属作为撑腰和紧腰束带的时代已经结束，裙撑、塔式臀腰和短细褶边的裙衫，已经被舒适的运动装和针织套头衫所代替。这一切流行的服饰，正是香奈儿提倡和主推的产品。所以，尽管处在一战阴影的笼罩下，香奈儿的事业仍然一派兴隆。而在许多店铺纷纷关闭的时候，香奈儿更是反其道而行，她做出了一个更加大胆的决定：在风情小镇比亚里茨开设新的分店。

想法既定，香奈儿迅速采取行动，并于 1915 年在比亚里茨的加代尔街上租下了一个店铺。安托瓦妮特和康朋街的女裁缝们一起过来了，她们始终是香奈儿的得力助手，而想到即将开展的业务需要大量人手，香奈儿也聘用了一批当地人。由于这是比亚里茨的第一家时装公司，女工们怀着好奇和兴奋的心情纷纷报名。很快，在香奈儿手下就聚集了 60 多位缝纫工，其中有一些还具有时装加工和设计经验。

一位名叫玛丽·露易丝·德雷的员工后来回忆在加代尔街的工作时光，曾说：“我们加工高领套头衫，材料则是以前从来没有人敢用的针织品，‘斜纹布’失控地蓬散开来，我们不得不一遍又一遍地多次重来。小姐（香奈儿）要求极为严格，如果试穿出现问题，她就会大发雷霆。她强硬，喜欢纠缠人，对职员们不留情面。我哭过很多次。但她想出来的设计都令人耳目一新，素雅而又时髦。”

这段话展现了香奈儿的性格和工作方式，她是一位时尚天才，也是一位强有力的领导者。她知道创新的重要性，更知道品质和格调对一件衣服至关重要。

比亚里茨的店铺逐渐走上正轨，香奈儿也频繁地往来于康朋街和加代尔街，她想要把服装公司进一步扩大，然而，战争对人们生活的影响再一次体现出来了。首先在人员配置上，香奈儿有时候需要将经验丰富的员工调往康朋街，但她们的母亲却不希望女儿们前往随时都有危险的首都巴黎，不过在香奈儿的劝说之下，爱女心切的母亲们总算是让步了。

更为困难的是，香奈儿缺少原料，即使是曾经被划入“低等品”的纺织物也很难弄到了。服装的市场在逐渐扩大，但原料却越来越紧缺，香奈儿有些着急。好在这个时候，卡佩尔帮她从苏格兰买到了粗花呢和手工纺织呢，而巴勒松军官的两个哥哥则帮她弄到了平面呢，并联系了法国南部工业城市里昂的丝绸加工商。不过香奈儿的时装公司能够进行大量的服装生产，则要归根于她和面料提供商让·罗迪耶之间的合作。

罗迪耶最初提供的针织面料有25种不同的颜色，但是香奈儿在看了面料的样品之后，只是挑选了颜色比较素雅的几种类型。在她看来，在战争的特殊时期，女人的穿着要朴素大方才行，更何况如果有太多的选择，反而不能让顾客们下定决心购买服饰。

可以说，在挑选服装的材料方面，香奈儿是一丝不苟的。她聘用的第一个领班德雷曾说："一切都是她亲自挑选，包括蕾丝、配饰和颜色。她在里昂和苏格兰的印染厂中总能找到相配的丝绸和羊毛，她也总是知道如何得到最美的色彩和搭配。"

正因为独特的审美视觉和在质量上的严格把控，香奈儿在比亚里茨生产的服饰剪裁得非常得体合身，产品大部分销往西班牙，不仅得到了普通消费者的喜爱，就是马德里的王室成员也大量订购这些优雅的服饰。人们越来越喜欢这个穿着打扮别具一格的女子，并开始以她的风格为时尚。一家巴黎的报纸撰文写道："这是位令人惊愕的天才，她的服装具有女性美的艺术，是匠心独具的展示。"是她，改变了19世纪以"像鸽子那样挺胸凸臀"为潮流的服装审美，使时装艺术迈入20世纪的时尚之中。

显而易见，香奈儿的成功是举世瞩目的。到1916年，香奈儿公司的员工已经超过了300多人，成为了一个庞大的时装公司。而到1919年第一次世界大战结束的时候，香奈儿已经是一位享誉世界的著名设计师了，她的时装公司总店也从康朋街21号搬到了31号。正是从康朋街31号开始，香奈儿逐渐缔造出她的时尚帝国。

经典小黑裙

我为你沉沦，我的心现在乃至永远都属于你。

——可可·香奈儿

香奈儿的事业始终是与恋人卡佩尔联系在一起的。这个男人真正将她带入到上流社会和艺术圈，了解她的想法，资助她开店，为她提供经营上的意见和拓展客户群体，甚至在应征入伍时也为她想方设法获取紧缺的服装原料。即便是香奈儿那富有代表性的经典服饰——小黑裙，其问世也与卡佩尔密切相关。

卡佩尔不同于巴勒松军官，他不仅注重享乐，更是一个极具商业头脑的人，也富有政治野心。第一次世界大战爆发时，他靠运送煤炭发了财，把经济业务扩展到了航运业。此外，他还参军入伍，想要通过在军队中的贡献来为政治上的发展铺路。卡佩尔的能力得到了验证，他成为法国和英国之间重要的联络官，不仅得到了法国部长乔治·克莱蒙梭的盛赞，甚至英国首相劳合·乔治也对他青睐有加。可以说，卡佩尔的前途是无量的。

然而，卡佩尔却遇到了一个难题，他觉得如果想要在政治道路上走得更远，那就要娶一个贵族小姐作为妻子来提升自己的地位。但是，和他两情相悦的香奈儿显然是不合适的，尽管香奈儿现在已经有了一定的知名度，经济上也颇为富裕，但是她的出身低微，甚至许多上流社会的人都知道香奈儿曾经被包养，是巴勒松军官的情人。这样的社会地位不符合卡佩尔的择偶要求，他需要一个体面的妻子，一个能为他政治发展有所帮助的贵族女子。

这个时候，卡佩尔遇到了一位年轻美丽的英国贵族女子，名叫黛安娜·温德姆。她是里布尔斯达尔四世勋爵的小女儿，地位尊贵，处于英国上流社交界的核心。黛安娜与卡佩尔相识时年仅 25 岁，比香奈儿年轻 10 岁，不过她在 1913 年就与西敏公爵的弟弟珀西·温德姆结婚了，只是第二年便成为寡妇。独居多年的黛安娜非常喜欢卡佩尔，她是在接近法国前线的地方遇见了帅气的卡佩尔上尉，当时她正在那儿为红十字会开救护车，两人的关系迅速发展起来。1918 年 7 月，黛安娜在写给朋友的信中就提到“我终于要嫁给卡佩尔了”。

黛安娜的家人最初不同意两人的婚事，因为在两人没有举行婚礼时，黛安娜就怀孕了，这令他们感到脸上无光。同时，卡佩尔虽然是英国人，却有一半的法国血统，又长期在法国生活，他们担心卡佩尔与黛安娜之间无法有效交流。

或许是黛安娜坚持己见，或许是卡佩尔说服了黛安娜的家人，又或许是黛安娜的家人认识到卡佩尔是一个前途无量的小伙子，最终，黛安娜和卡佩尔在 1918 年的夏末结婚了。

这个消息传来，香奈儿非常伤心，最爱的男人结婚了，而新娘却不是她。这是多么俗套的剧情，她在许多年以后曾经告诉朋友，如果她曾想过与哪个男人结婚，这个人便是卡佩尔，她坦言自己曾像爱情小说的女主角一样幻想过与卡佩尔走入婚姻殿堂的场景，也想过自己穿上婚纱的样子。可见，香奈儿对卡佩尔的感情之深。

不管多么伤心，在当时卡佩尔和黛安娜结婚期间，香奈儿从未在公众面前谈起这件事，她没有歇斯底里，没有大哭不止，也没有恶语相评，她仿佛完全忘记了这件事。但是在这一时期，香奈儿的装扮却出现了明显的变化，她把自己打扮得越发像一个男孩子，宽松的服饰几乎看不到腰身和胸部的曲线。似乎这些还都不够，她还把自己的长发剪短了。当别人问她为什么剪短头发时，香奈儿说："因为长发让我觉得麻烦。"

关于香奈儿剪头发的原因，还有另一个说法。根据香奈儿曾经向朋友克劳德·德雷讲述的，有一天晚上她要去歌剧院，但在临行前去浴室洗手时，热水器突然爆炸，将她的白裙子、脸上、身上和头发上都染了炭灰。由于时间紧张，再加上以后都要忍受长头发带给她的累赘之感，她拿起剪刀，将长发剪短了。

或许香奈儿是真的觉得长发麻烦，或许香奈儿剪短头发只是意外之举，但是依然有许多人猜测她是因为情伤，是在得知卡佩尔结婚后的情绪之举。然而，尽管卡佩尔结婚了，并在 1919 年 4 月有了第一个女儿，香奈儿却始终无法忘记卡佩尔，更无法割舍她与卡佩尔之间的关系。她在巴黎近郊租下了一栋别墅，这成为她和卡佩尔幽会的地方，卡佩尔时常到那里与香奈儿相聚。对卡佩尔来说，比起那一场没有感情的政治联姻，他也无法斩断与香奈儿的情思。香奈儿会关心他，懂得他的想法，两人在一起也有着相同的爱好和共同的话题。

事实上，卡佩尔迎娶的妻子黛安娜的确没有将心思全部放在他身上。在生下女儿之后，黛安娜就与之前的情人达夫·库珀旧情重燃。根据库珀的日记，他经常和黛安娜幽会，共进晚餐，发生性关系，他们觉得偷情带来的吸引力是致命的。

混乱的关系在暗地里维持着，没有人揭穿这一切，每一个人都在各取所需。香奈儿以为她和卡佩尔的恋情会一直这样发展下去，尽管他背叛了他们的爱情，但只要自己还放不下，还是喜欢这个男孩的，那么其他的又有什么关系呢？香奈儿依然与卡佩尔保持着亲密的关系，他们两人都没有走出对方的生活，却不曾想到，一个噩耗突然传来了。

1919 年 12 月 22 日，卡佩尔在从巴黎去戛纳的路上，乘坐的汽车轮胎突然爆炸，和他同行的机械师深受重伤，而卡佩尔则不幸身亡。消息传到香奈儿耳中，她整个人都傻掉了，脸部因为痛苦而扭曲成不同的姿态。当天晚上，香奈儿连夜赶往车祸现场。但一切都难以改变，她最爱的卡佩尔离开了，去了她再也找不到和见不到的地方。

香奈儿陷入难以自拔的悲伤中，但是当葬礼开始时，她却没有出席。她再次来到卡佩尔出事的地方，抚摸着已经烧成焦炭色的汽车，失声痛哭起来。这是卡佩尔出事的这些天以来，她第一次将心中的悲伤大声宣泄出来，算是对卡佩尔的一个告别。

对于香奈儿来说，失去卡佩尔就等于失去一切。她回到巴黎，让人将卧室全部用黑色装饰，黑色的床单，黑色的窗帘，黑色的墙布和天花板。她把自己关在这座像坟墓一般的卧室里，独自待着，却总是情不自禁地想起她和卡佩尔的过往，最后只能崩溃地从屋里冲出来。

为了纪念卡佩尔，香奈儿为自己设计了简单的黑色连衣裙，即后来闻名世界的小黑裙。黑色，其实原本是人们在葬礼上穿的衣服，在红色、黄色、蓝色、白色等色彩交替流行时，黑色始终没有占据主流地位，是香奈儿将它带进了时尚圈。

不管香奈儿是否想要全世界的人都穿上黑色衣服，来纪念已经去世的卡佩尔，不过在她心里，对黑色却是极为偏爱的。她认为黑色与白色一样，凝聚了所有色彩的精髓，同时也表现出了一种极致的美，更是一种适合所有人的颜色。

在款式上，小黑裙线条流畅，风格内敛低调，成功地塑造了亦刚亦柔的独立女性气质。此外，这款连衣裙的整体轮廓也是前所未有的简约，它卸去了一战之前那种常见的大帽、窄裙摆和繁复的装饰，带着几分帅气灵动。这种设计，符合香奈儿一贯的服饰主张，她曾经说：“我想为女士们设计舒适的衣服，即使在驾车时依然能够保持独特的女性韵味。”

当短发的香奈儿穿着她亲自设计的小黑裙出去时，立即便吸引了人们的注意力，男人们认为香奈儿具有致命的吸引力，而女人们则认为香奈儿身上的黑色连衣裙漂亮极了，她们很快就光顾香奈儿的时装店，进行试穿，结果大部分女人都发现小黑裙非常合身而又得体，比带着珠子和羽毛边饰的服装更加简洁，也更加精致。同时，对于一天内不能及时更换两三套服饰的新时代女性来说，小黑裙保证了她们在一整天的自信，而不用担心衣物被弄脏了。

似乎香奈儿设计的衣服总是女人需要的，但从本质上来说，其实是香奈儿总能抓住女人的需求，然后将这种需求转变为一种实践。正是基于这种敏锐的实用和时尚意识，香奈儿创造了一个又一个传奇。

小黑裙很快席卷了巴黎的各个街道，只要随便往外一看，便会发现女人们都穿着这种简约时尚的黑色连衣裙。而即使是同样的黑色，在不同的女人身上也表现出不同的风格，有的女人更加妩媚了，而有的女人则显得庄重典雅，或是时尚精致，或是清新随意。这便是小黑裙的魅力，也是其受宠的独特原因。

香奈儿再次大获全胜，正如《VOGUE》杂志美国版在1926年的评价：“小黑裙成为了每个女人衣橱里的必备之物。”尽管小黑裙也曾遭遇恶评，比如一些古板的人士认为香奈儿摧毁了不同颜色带来的美感，就连资深的服装设计师保罗·波烈也认为小黑裙“营养不良”，但这却不能阻挡小黑裙成为女人们的宠儿，也不能阻挡小黑裙在时装史的众多转折点上不断被演绎。甚至直到今天，香奈儿的小黑裙依然是全球女性梦寐以求的选择。

蔚蓝海岸的时髦

我无法理解，一个女人怎么能够不稍微打扮一下就出门——哪怕是出于礼貌。而且，谁也说不准，也许那天就是她遇到命中注定的缘分的日子。为了这一份于千万人之中都难得遇到的缘分，最好是能多漂亮就多漂亮。

——可可·香奈儿

香奈儿的个性是冷淡的，她从来都不喜欢与女人们打交道，尽管她要将自己的帽子、服装甚至是后来推出的所有产品都销售给她们。或许在她心里，女人只包括两种，一类是能够买她时装的人，另一类是不会购买的。不过，在这些永远都被当作消费者的女人当中，有一个人却是例外。那便是米西亚·塞特。两人于 1917 年相识，一见如故，此后更是维持了一生的友谊。

对香奈儿来说，迷人而任性的米西亚不仅是一个普通的闺蜜，更是她时尚帝国的强有力支持者和后盾。

米西亚是才华横溢的钢琴家，在巴黎具有极高的知名度。她童年时期曾坐在李斯特的腿上弹奏过贝多芬的曲子，著名的印象派画家雷诺阿为她画过肖像，作曲家德彪西因她写下了不朽的乐章，而她也是毕加索乐于闲话的题材，又与俄罗斯著名的芭蕾舞团团长迪亚吉列夫之间有着深厚的友谊。可以说，米西亚在艺术界是声名卓著的。

香奈儿比米西亚小 11 岁，她是在参加女演员塞西尔·索雷尔举办的晚宴上与米西亚结识的，虽然当时她在社交界的地位远远不能和米西亚相提并论，不过米西亚却被香奈儿迷住了。在后来撰写的回忆录中，米西亚曾经写道："在餐桌上，一位深褐色头发的年轻女子立即引起了我的注意，尽管她一言不发，却洋溢着不可抗拒的魅力。晚餐后，我设法坐到她的身边。在首次见面的寒暄中，我得知她是香奈儿女士，在康朋街开设了一家时装店。"

米西亚对香奈儿的印象非常好，她觉得香奈儿“天生拥有无尽的优雅”。而两人在宴会结束互相道别时，米西亚注意到香奈儿身上的那件镶了皮草的红色丝绒外套，她觉得这件衣服非常漂亮，于是不吝言辞地进行赞美。结果，香奈儿立即大方地将衣服脱下来披在米西亚的身上，说是要送给米西亚。这个举动十分贴心，米西亚觉得香奈儿特别招人喜欢，她心里认定了香奈儿是个值得交往的朋友，第二天更是急不可待地到康朋街去拜访香奈儿。从此之后，两人之间的友谊便也拉开了序幕。

对许多人来说，米西亚是“神圣的”，可是香奈儿却不为所动。她觉得热情的米西亚总是搞得自己烦得不得了，甚至把米西亚说成是一条钻不进她生活的寄生虫。“她在我的铠甲上永远找不着任何破绽，其实那肯定是存在的。一条虫子围着一个水果转了四分之一个世纪，没能钻进去。”

尽管如此，一切都不能阻挡两人之间的关系越走越近。当香奈儿处在失去恋人卡佩尔而备受打击的时期，米西亚扮演了非常重要的角色，甚至在1921年结婚度蜜月时也要带上香奈儿一起，只为了能够帮助她散心和忘掉不愉快的过往。当然，这次去意大利的蜜月之旅，对香奈儿来说具有重大的转折意义，正是在这次旅程中，她被介绍给了许多欧洲的艺术家们。从此，她的服饰也与艺术紧密联系在一起。

米西亚和丈夫——著名画家何塞·马里亚·塞特，度蜜月的第一站是水城威尼斯，之所以首先选择这个地方，是因为米西亚要去会见好朋友迪亚吉列夫。迪亚吉列夫为俄罗斯芭蕾舞团的负责人，当时正在为芭蕾舞团的演出筹备资金，他试图将在首演时就轰动一时的《春之祭》重新搬上舞台。这立即吸引了香奈儿的注意，她觉得自己可以做点什么。经过几番交涉之后，香奈儿决定出资赞助迪亚吉列夫。

香奈儿后来谈起这件事，曾经透漏她的动机："我在 1914 年之前没有看过《春之祭》，迪亚吉列夫说那出舞剧是一件伟大的历史性杰作。我相信他的话，为他提供经费支援。这花掉了我 30 万法郎，可是我不后悔。"

或许她的此番举动纯粹只是为了做一件好事，但是 30 万法郎让香奈儿从一名服装设计师摇身一变为艺术赞助人，并使她从此跻身到名流云集的巴黎艺术圈。这在无形之中，将她的身份和她的服装都提升了一个档次。

广泛的社交关系和美好的名声为香奈儿赢得了许多机会。1922 年，戏剧家让·考克托改编的希腊悲剧《安提戈涅》，计划于 12 月份在工作坊剧院首度献演，这位多才多艺的艺术家邀请了毕加索为舞台布景，同时请亚瑟·奥涅格作曲，至于对戏剧表演起着重要作用的服装，他则请求香奈儿设计。

香奈儿当然是善于抓住机会的，她答应了邀请，并马上投入到工作之中。这次试水取得了巨大成功，甚至引起了被誉为“时尚圣经”的《VOGUE》杂志的关注，在其法国版和美国版中，都刊登了香奈儿设计的戏服，并高度赞扬她用感性的服装对经典进行了再创造。

对于这样的结果，香奈儿是早有预料的，她相信自己的能力，同时并不吝啬于将其发挥到更广泛的领域。1924 年，香奈儿与毕加索再次联手，共同为俄罗斯芭蕾舞团推出的舞剧《蓝色列车》服务。毕加索负责舞台布幕和创作节目单，香奈儿则负责设计服装。

《蓝色列车》主要讲述了一群上流社会人士从巴黎登上一辆豪华的列车，到法国南部的海滨城市度假的故事。基于故事的题材，毕加索为舞剧设计的布景取材于他的名画：两个丰满的女子在蔚蓝的海滩上奔跑。无疑，毕加索在这出芭蕾舞剧中展示了巴黎和蔚蓝海岸之间的联系。至于香奈儿，更是将她的运动风服装系列发挥到极致，不仅男子穿着短裤、高尔夫球鞋，就是女子的戏服也都是宽松的横纹针织衫、泳装、网球裙和沙滩凉鞋。其实，在《蓝色列车》之前，香奈儿的运动风和沙滩服装就已是那个时代的先锋时尚，不过当戏剧上演之后，人们对这种时髦风情的欣赏力大大提高，即使是最保守的女子，也不再排斥沙滩上的泳装了。

与《蓝色列车》的出色合作，让香奈儿的名声更是如日中天，她真正地成为艺术界的一名成员。此后，无论是画家、音乐家，还是诗人、摄影师，抑或是电影制作人，这些各个行业的艺术家们，都成为了香奈儿不可缺少的朋友。他们一起聊天，一起谈论创作的快乐。

显而易见，没有米西亚在社交圈中为香奈儿领路，香奈儿便不会认识塞特、毕加索、迪亚吉列夫、雷诺阿、考克托等一批卓有成就的艺术家。不过米西亚对香奈儿的影响远远不止如此，她还是香奈儿先锋时尚观念的强有力支持者。每当香奈儿出现一些大胆的不被世俗接受的奇思妙想时，米西亚总是率先进行实践，将那些被人们看作是“朴素”或是“另类”的服装穿在身上，陪同香奈儿一起出现在各种场合。正是这样的支持，让香奈儿不至于孤军奋战，也让香奈儿在时尚的道路上越走越远。

第三章

时尚不止于当下

她具有天生的时尚敏感和独立的个性，她不喜欢秩序，总是在别人认为理所当然的事物中发现另一种存在。风靡全球的香奈儿5号香水是这样，她的珠宝系列亦是如此。当世人惊叹她取得的成功时，她却已然在寻找一种新的生存法则。

香奈儿 5 号

“应该在何处擦香水?”一位少妇问我。

“只要是想被亲吻的地方。”我如此回答。

——可可 · 香奈儿

法国诗人保罗 · 瓦莱里曾说：“不会用香水的女人没有未来。”这句话无疑道出了许多女人的心声，然而在 1920 年之前，时髦的女人们能够选择的香水还只是一种自然花香或者是非常容易辨认的香味，这让女人们难以忍受，因为这种香气非常低端。

对香味异常敏感的香奈儿也受到这种问题的困扰，尤其是每日清晨都要在碱性肥皂的味道中开始工作，就更加影响她的心情。她一直在思索着，想方设法要做出改变。但是香水的制作不同于设计一件服装那样简单，这里面涉及到的知识非常广泛，包括医学、化学、植物学等各个学科。显然易见，这对于身为设计师的香奈儿来说是困难重重的。不过香奈儿并没有放弃，她觉得既然凭借自己的力量难以办成，那便寻找可以实现这个想法的人才。

或许命运总是眷顾有想法之人，香奈儿寻找的机会终于到来，她结识了调香师恩尼斯·鲍。

恩尼斯·鲍是一名化学家，生于俄罗斯的首都莫斯科，他的哥哥爱德华是俄罗斯最大的香水和肥皂制造工厂拉莱的管理人之一。拉莱工厂专为皇室提供产品，17 岁时，恩尼斯成为工厂实验室里的技术员，此后事业逐渐攀升，很快就成了技术主管。不过到 1917 年十月革命爆发时，他被迫离开俄国，后来则成为了一名战士，曾经在第一次世界大战期间为法国服兵役，因为骁勇善战而获得了十字勋章和荣誉勋位。战争结束后的 1919 年，他来到法国，偶遇了之前在实验室工作的几名同事，在得知他们在拉博卡搞起了新项目后，恩尼斯决定加入他们。之前，他曾经因为战争的灵感而制作过一些香水，此时更是产生了一种制作新香水的冲动。由此，他开始对一个新的化学成分乙醛进行研究和试验。

正是在这个时候，香奈儿通过情人狄米崔大公的介绍与恩尼斯相识，她发现恩尼斯是一个非常博学和有才气的人，而恩尼斯手中那些大小不一的试管更是让她着迷，她经常流连在实验室之中。在恩尼斯看来，香奈儿不是第一个提出要参观实验场地的设计师。但他很快就发现，香奈儿具有超乎常人的敏锐嗅觉，她能区分出不同的花香味，能够立即辨别出西班牙茉莉、保加利亚玫瑰和印度麝香的不同，并很快学会了香精之间的区别。

不过，尽管如此，当香奈儿建议恩尼斯研制一种混合的人工香味时，恩尼斯还是持怀疑态度的。他很难想象将不同的香味组合在一起，会是一种什么样的味道，或许奇怪得令人难以忍受也未可知。然而，他很快就被香奈儿的信心和无所畏惧折服了，她敢于抛弃和超越所有已知的配方。为了进一步说服恩尼斯，香奈儿说道：“山里的玫瑰花味或是百合花味，我一点也不想要。我想要合成的香水味。我知道这是一件不可思议的事情，但是在一个女人身上闻到纯粹的花香是一种很假的嗅觉体验。或许真正天然的香水是人工制造出来的。”

恩尼斯决定尝试一下，他从煤焦油中提取了苯甲酰醋酸盐，这是一种无色的液体，闻起来有茉莉香的味道。当香奈儿第二天走入实验室的时候，她立即闻到了这种特殊的花香味，她觉得这就是自己想要的香气，但是还不够纯粹。

于是，恩尼斯又利用冷浸萃取花香的手段，从西班牙茉莉花香中提炼花汁。提取的成本是昂贵的，但将萃取的花汁与苯甲酰醋酸盐混合之后产生了另一种强烈的香气，这种香气是不可改变的，而又长久不会消失。香奈儿对这种香气很满意，不过他要求恩尼斯制作更多可供选择的品类，她需要将自己的香水做到最好。在这段时间，香奈儿几乎天天都到恩尼斯的实验室去，她将全部精力都用在了研发令自己满意的香水之上。

香奈儿的行为引起了她的姑妈阿德里安娜的不满，她认为在香奈儿的时装产业正蓬勃发展的时候，不应该将时间花费在别的事情上，更何况香水行业的前景并不是很明朗。香奈儿却不这样认为，她觉得如果要把自己的品牌做大，单纯依靠时装是没有保障的，她需要拓宽自己的产品种类，更何况香水对于女人来说，就像爱人一样不可缺少。她相信只要自己能够制作出香味高雅而持久的香水，一切便可迎刃而解。

最终，香奈儿说服了阿德里安娜，她将服装事业交给阿德里安娜管理，自己则全身心投入到香水的制作中。她和恩尼斯不断尝试，经过一段时间的准备，恩尼斯提取了除茉莉之外的其他花汁，制作成了众多品类不同的样本，最后他将这些样本删减成两个系列，包括10 种香水，即 No. 1—No. 5 和 No. 20—No. 24。

10 种样品瓶依次排列，不过恩尼斯并没有让香奈儿直接闻香，而是在用试管吸取一滴香水后直接滴在玻璃盘中，他觉得好的香水无需打开整瓶来闻，而是只要一滴就可以了。

面对摆放整齐、外观一样的玻璃盘，香奈儿逐一闻下去，最后回到了标号为5 的样本那里。她再次深深吸了一口气，立马对恩尼斯说这样的香水就是她想要的，她觉得这是属于女人的香水，能够唤起人们对女性美的直接感受。

不过恩尼斯却告诉香奈儿，5 号样本里含有茉莉、依兰、橙花、五月玫瑰、檀香和波本香根草等 80 多种材料，尤其是其中的核心材料茉莉非常昂贵。但香奈儿却不以为然，她反而让恩尼斯在香水中多加入一些茉莉，她要打造出独一无二的香水，甚至说是世界上最昂贵的香水，然后将它们卖给那些上流社会的人。显而易见，香奈儿是一个懂得游戏规则的人，她知道顾客需要什么。

但香奈儿同时也是一个谨慎的人，为了测试女人在闻到香水后的反应，她特意带着香水，和恩尼斯以及其他朋友到法国的高级饭店中进餐。在吃饭的过程中，只要有女人经过，她就按一下装有香水的喷雾器，然后悄然无声地观察她们的反应。情况正如香奈儿料想的一样，她发现女人们都会情不自禁地停下来闻一闻。

香奈儿决定销售这款香水，最终为香水命名为“香奈儿5号”。虽然它如今已是家喻户晓的品牌，但是其来源却一直存在争议。有人说是因为5号是香奈儿的生日，但实际上她的生日是在19号。也有的人说，是因为香水的样品标号为5。不过，据恩尼斯回忆：“当我问到‘给它起个什么名字’的时候，香奈儿女士回答说：‘我5月5号开时装发布会，这是一年中的第五个月，我们就把NO. 5这个名字留给它吧。’这个数字始终为她带来好运。”事实究竟是什么样的，没有人清楚，不过香奈儿5号最终诞生了。

其实，香奈儿并不是第一个想要推出香水的设计师，比如她的竞争对手保罗·波烈早在十年之前就推出了以他女儿名字命名的罗茜娜香水。不过，香奈儿却是第一个在香水中投入如此多精力的设计师。她甚至亲自设计了香水的包装。

在那个时代，设计师们在设计香水瓶时都会力求让包装看起来奢华无比，以为这样便能提升香水的档次和价值，但香奈儿却反其道而行之，她舍弃了市场上通用的刻花玻璃瓶和细颈瓶，而是采用了方形玻璃瓶，这样设计出来的香水瓶看上去就像是一个光溜溜的药瓶，摆在那些华美的香水之中看起来奇怪极了。不过就是这样另类的一瓶香水，却塑造出了不同的审美风向，它成功打动了名媛淑女们追求高雅的心。

在确定了名字和包装之后，香奈儿又投入了香水标识的设计之中。她心中理想的标志应该是个性、简洁、含蓄的，要能体现出香奈儿5号的特别之处。毫无意外，她在纸上首先写了自己姓氏中的第一个字母C，她觉得香水就像自己的孩子，理所当然应该冠上自己的印记。但接下来呢？她陷入沉思中，不知道有什么图案能够与C匹配起来。突然，她想起了自己设计的双排扣服装，当时一推出就受到了众多女孩的青睐。那就设计成两个C吧，她这样想着的时候，又在纸上写下了第二个C。为了让两个同样的字母组合起来更为美观，她把两个C组成背靠背交叠的姿态，这就犹如两个人亲密相交的侧影。香奈儿对此非常满意，她相信这个设计一定能够引起人们的好奇心，这样就在无形中给香水做了广告。

一切都已准备完毕，香奈儿带着大量香水样品准备返回巴黎。在回程的火车上，她便想好了如何将香水推广出去，那就是先将顾客们撩拨得火热，然后再趁热打铁，就可以取得事半功倍的效果。她大方地将其中一些样品赠送给消费量巨大的顾客，但却并不忙着对外出售，而是让售货员将香水喷在试衣间内，几乎全天都不间断。效果很快就出来了，顾客们走进时装店便都闻到了飘散在店里的香味，它不是以往闻到的纯粹花香，却拥有与众不同的味道，若有若无，魔幻迷人。她们纷纷向香奈儿打探香气的来源，在得知这是一种新的香水后，便纷纷请求香奈儿将香水卖给她们。

市场再次得到了印证，香奈儿便立即通知恩尼斯大量生产香奈儿5号。香水一经面世，就取得了巨大的成功，它成为了香水界的宠儿。

打造香水帝国

创造！人不能永远创造。我想做的是制作经典。

——可可·香奈儿

香奈儿是一个精明的商人，她很清楚地知道，虽然香奈儿5号在自己的服装店和朋友中都得到大卖，但是若想实现香水的大量销售，必须依靠传统的商业模式，于是她联系了拉法耶百货商场的老板泰奥菲勒·巴德尔。

巴德尔是一名成功的零售商，他创造了零售业成功的历史，将自己最初在1895年开业的售卖小件日用品和玩具的小商店变成了巴黎最大的百货商店——拉法耶百货商场。而正是在这间商场里，香奈儿曾经购买了大量的宽檐帽和饰带，用于制作自己的帽子，并从此开启了辉煌璀璨的时装事业。

在想要推出香水的时候，香奈儿首先想到的也是拉法耶百货商场。她将香奈儿5号拿给巴德尔，并同他洽谈售卖香水一事。巴德尔对此非常感兴趣，也很看好这款香水的市场前景，但他要求香奈儿提供更多的香水，而恩尼斯实验室生产的小量香水显然是不能够满足要求的，为此，他想到了有足够生产能力的夜巴黎工厂，并将这间工厂的老板皮埃尔·威泰默和保罗·威泰默两兄弟介绍给香奈儿认识。

威泰默是犹太家族，起源于中世纪的德国，不过历经数代，已经被彻底法国化了。这个家族的财富非常庞大，但他们也非常低调，总是设法掩盖自己控制的东西。皮埃尔和保罗两兄弟都非常聪明，有着生意人特有的精明头脑，他们将属于家族所有的夜巴黎，从主营舞台化妆品的公司，成功拓展为生产、销售香水和化妆品的大型综合性公司。

因此，当巴德尔打电话给皮埃尔，告诉他香奈儿要把一种香水投放到市场上时，他经过短暂的考虑就决定去见香奈儿。在他看来，不管香奈儿卖的是什么，他都有必要去见一见。

香奈儿和皮埃尔的首次见面是在杜维埃的赛马场上，那时正好有一场赛马比赛，而皮埃尔的一匹赛马正在参加比赛。当巴德尔为两人引见之后，双方就展开了直接而切中要点的谈话。香奈儿问皮埃尔："你要为我生产和销售香水吗?"皮埃尔的回答则更为直接："为什么不呢？如果你要在香奈儿的名下销售香水，我们显然是可以合作的。"

显而易见，香奈儿看中了夜巴黎的庞大生产能力，皮埃尔看中了香奈儿的名气，以及香奈儿5号的独特魅力。基于双方都能获得利益，他们顺利达成了合作。就是这一次合作，为威泰默家族的事业创造了另一片天空。

1924年，香奈儿香水公司成立，香奈儿拥有其中10%的份额，巴德尔拥有20%，而威泰默家族则拥有70%的份额，后来更是将巴德尔掌握的份额也全部买下，成为了这家香水公司拥有绝对控制权的一方。此后，在威泰默家族两兄弟的打理和帮助之下，香奈儿的香水事业蓬勃发展，甚至创造了30秒就能卖掉一瓶的纪录。

5号香水开始弥漫在香奈儿王国的每个角落：在康朋街，

那里每天都有一位年轻的助理等候香奈儿的到来，而只要得到丽兹饭店门童的通报，她就会在大门入口处喷洒香水；5 号香水的气味还飘散在香奈儿工作室的镜梯附近和她的寓所里，甚至在壁炉内燃烧着的煤炭上，也喷着些微的香水……可见，香奈儿对自己挑选的香水非常喜爱和满意。

为了宣传香水，香奈儿本人也亲自在香奈儿 5 号的第一幅广告中出镜。广告海报以插画的形式出现，与如今动辄就要成百上千万的广告费用相比，这幅海报虽然是由法国当时著名的漫画家塞姆创作，但成本非常低廉，画中的香奈儿身穿体现自己风格的简洁服饰，欣喜地望着那瓶 5 号香水。整幅画面虽然简单，却依然能看出香奈儿 5 号的瓶身和包装：透明水晶的方形瓶身造型，状如宝石切割般形态的瓶盖，“Chanel No. 5”之黑色字体呈现于白底之上，一切都是那样美观。这幅海报名为《The New Woman》，它代表了香奈儿事业的新开端，更意味着香奈儿 5 号从此正式走入人们的视野。

香奈儿 5 号的的第一位代言人也是香奈儿本人。1937 年，她在巴黎丽思酒店的套房里拍摄了一幅平面广告，由摄影师 Francois Kollar 掌镜。相比于之前的插画风格海报，此次的她以更加华丽的风格登场。照片中的她身着黑色经典礼服站在丽思酒店的豪华套房中，端庄而又优雅，整体气质也侧面反映出了她掌控的盛世，仿佛从未融于当时饱受一战与萧条经济影响的失落世界。这幅照片后来被刊登在了著名的《Harper's Bazzar》杂志。

在香奈儿之后，著名影星玛丽莲·梦露为香奈儿5号做的广告成为一代人心中的永恒经典。1954年，她在回答记者问她穿什么入睡时说："我只喷几滴香奈儿5号入梦。"因为一句充满挑逗性的话语，这款香水由此成为传奇。1959年，香奈儿5号的香水瓶作为20世纪的象征之一，被纽约现代艺术博物馆纳入永久藏品之列。数年后，它的瓶身在画家安迪·沃荷绘制的一系列9幅绢印版画上熠熠生辉。

继香奈儿女士与玛丽莲·梦露之后，香奈儿还选择了世界各地最美丽的女性为5号香水代言。其中有坎迪丝·伯根、苏茜·帕克、阿莉·迈克格劳、劳伦·赫顿、简·诗琳普顿、雪洛儿·提格丝等，还有凯瑟琳·丹妮芙。当时凯瑟琳被《Look》杂志选为"年度最美丽的女人"，在阿威顿、纽顿与皮雷的镜头下，她在为美国市场拍摄的一系列香奈儿5号的广告中与观众建立了一种细致亲密的关系。可以说，这些优雅魅力的女子都是真正的缪斯女神，由她们代言的广告很快就在消费者中产生了巨大影响，为香奈儿5号带来了喜人的销售额。

除了在广告上有着越来越直接的投放，香奈儿更是致力于香水品种的创新。继香奈儿5号大卖之后，她又与恩尼斯联手推出了NO. 22。这款具有优雅气息的香水同样拥有前卫大胆的配方特色，是人工香水和天然花香的混合，尤其是乙醛强化了由晚香玉、鸢尾花、大马士革玫瑰释放出来的浓郁花香，使其成为一款感性的香水。

之后，香奈儿又调制了俄罗斯皮革香水（Cuir de Russie）。香水具有浓郁的俄罗斯风格，主要是为纪念她和情人，即俄国沙皇尼古拉二世的表兄弟——狄米崔大公的相遇。香水的味道融合了俄罗斯士兵穿着的皮靴气味和金色烟草微熏气味，喷在空气中则散发着树脂、乳香与桧木的深沉麝香气息，蕴藏着神秘暧昧，是有着强烈个性的一流香水。

在香奈儿5号上市的5年之后，气味独特的岛屿森林香水（Bois Desiles）也顺利问世。这款香水依旧是在香奈儿和恩尼斯的合作下完成。在当时的巴黎，到处弥漫着对异国情调的向往，人们幻想着遥远的土地与珍贵的木材。香奈儿借着这个氛围，推出了具有浓郁女性木质调的香水——岛屿森林。这款香水中存在着清新的木香、魅惑的罂粟花香和华丽慵懒的花香，气味令人陶醉，并再一次震撼了香水界的历史。

而香奈儿公司在1927年发布的栀子花淡香水（Gardenia），则是一款充满浪漫梦幻色彩的香水。由于香奈儿本人偏好有着白色花朵的山茶花，但山茶花却没有气味，于是她找到了与山茶花外形极为相似、有着芬芳香气的栀子花，并在恩尼斯的帮助下以人工合成的方式成功创造了一种令人惊喜的栀子花淡香水。这是一款非常女性化的单一花香调香水，一款捕捉夏日明亮光泽的香水。

虽然这些香水不如香奈儿 5 号那样出名，但却延续了香奈儿系列香水的风格，即试图重现鲜花香味的同时又使香水变得若有若无，梦幻迷人。

香奈儿的闺蜜米西亚曾经评价香奈儿的香水：“这个最初只是玩玩而已的香奈儿之水，让天才的香奈儿女士看到了它的美好前景。于是她又相继成功推出了香奈儿 22 号、岛屿森林、俄罗斯皮革以及栀子花等香水，很快，它们就已遍布五大洲并供不应求。就这样，这位女魔术师手一动，从小点子出发，创建了这么一个大产业，以致后来所有的时装屋都延续着她的模式。他们都应该感谢香奈儿，因为她发明的这个模式，使得他们在面临破产威胁的年代中仍能维持收支平衡。”

的确，从时装业发迹的香奈儿，通过这些香水成功建立起了庞大的香水帝国。

逆势推出高级珠宝

我之所以选钻石，是因为它们总是可以在最小的单位里体现最大的价值。

——可可·香奈儿

从1929年开始爆发的欧洲经济大萧条，几乎影响了每一个人的生活。往昔繁华热闹的巴黎，到处弥漫着悲伤和落寞的情绪，人们步履匆匆却又面无表情，疲倦的脸庞上写满了对生活的失望之情。没有工作，没有经济来源，失业的工薪族正在经历着像噩梦一样的窘境。

此时此刻，在巴黎最繁华的街道圣奥诺雷街29号的寓所里，香奈儿也面临着一个难题，经济危机使她的客户大为减少。她的朋友开始劝说她减少生产量，节省资本，不过香奈儿却有自己的想法。她觉得要利用这个时机，进入早已想要踏足的高级珠宝领域。

在香奈儿看来，她在服饰和香水方面都已经有了成熟的市场，但是在珠宝领域的产品却还是很单一。尽管她曾经因为将成串的人造珍珠项链挂在胸前，促成了人造珠宝的流行，但是她也清楚地认识到，人造珠宝和配饰能够满足人们一时的新鲜感，却并不能保证永远吸引消费者的目光，她需要更加全面的产品，也需要高端客户来支撑她的事业。

毫无意外，几乎所有人都劝说香奈儿不要这样做，因为现在的情况比不上以前，人们已经没有钱浪费在奢侈品上，而高级珠宝和人造珠宝也是不可相提并论的，它不可能在经济危机下还能打动消费者的心。

香奈儿坚持己见，这个问题她不是没有考虑过，也不是不知道许多老牌珠宝店正面临着倒闭的危机，甚至是一些珠宝商也纷纷登门，希望借助香奈儿的名气来销售他们的珠宝。可是那又怎么样呢？只要是她选择的道路，只要她认定是可行的，那就要尝试，就像多年前她推出舒适的针织套装和宽松的运动风服饰，当时面临的情景也不会好到哪里去。

更何况虽然经济不景气，大部分人失去了工作，消费普遍萎缩，但这并不妨碍真正有钱的贵妇们把自己打扮得珠光宝气。香奈儿觉得自己要做的是，如何让这些贵妇们从口袋里拿出钱财，来购买她的珠宝。

想要增强女人的消费欲望，那便要拿出令她们心动的物品，这是香奈儿一贯认定的。于是，她开始将专注的目光投入到珠宝中，她研究一些老牌珠宝店的款式，也通过自己的观察和喜好来判定女人们需要的究竟是什么。

1932 年 11 月1 日，这一天是西方的传统节日万圣节，巴黎却依旧笼罩在经济萧条的巨大阴影之下，没有欢声笑语，也没有大型的庆祝活动。与暗淡的节日氛围不同，圣奥诺雷街 29 号却挤满了大量社会名流，因为在这一天，香奈儿在她的公寓里举办了个人钻石珠宝展。

凭借广泛的交际圈，香奈儿邀请到的客人包括巴黎的公主、公爵夫人和大使夫人们。这些上流社会的女人，或许是为了交际需要才参加了香奈儿的珠宝展，但凡是到达开幕会现场的人，都深深地为展览上的钻石和珠宝所震撼着，激动着。

香奈儿从不缺乏想象力，即使是展览，也要做得与众不同。没有像其他珠宝商一样使用真人模特佩戴珠宝，也没有将珠宝摆在毫无特色的橱窗里，她让人制作了许多半透明的精美蜡质人像模型，然后将她设计的高级珠宝一一摆放在这些模型之上。单看这些被放置在玻璃柜中的模型，也是极具特色的，它们静悄悄地伫立于黑色大理石圆柱上，整体发型和妆容均呈现出 20 世纪 30 年代的典型风格，在微暗的灯光照耀下，别有一番姿态。

当然，现场最耀眼的还是炫目多彩的珠宝首饰。在珠宝首饰的主题上，主要包括三个系列，即彗星、蝴蝶结与流苏首饰。当香奈儿被媒体问到主题的灵感来源时，她不假思索地回答说，是来自巴黎的星空，以及她的高级定制服装中的蝴蝶结和流苏设计。显而易见，香奈儿是生活的观察者，她知道什么能够触动消费者的心，蝴蝶结和流苏是被市场证明的经典设计，运用到珠宝上当然不会过时；而彗星系列则是她借着珠宝，向人们传达出的一种热烈的情绪，那便是对未来美好生活的期盼。

为了满足顾客的不同需求，香奈儿推出的珠宝款式也非常多样，不仅有项链、胸针、戒指，也包括发饰、头冠等。在款式的设计上，这些珠宝直接体现出了香奈儿与众不同的创造力、想象力和实用主义情怀，因为它们大部分都是一物多用的。

在这之前，又有谁会想到，一件珠宝首饰竟然可以有多种佩戴方式！比如说一款项链可以拆开成为胸针和手镯分别佩戴，头冠也可以用作手镯，而短项链则可以变成一顶头冠，甚至是一件坠饰都能够扣在衣服上，瞬间转变为精巧的胸针……

首饰的功能是多样的，但做工和质量的要求却更高了，别具匠心的雕琢，使得每款珠宝看上去都是那么奢华优雅和与众不同，几乎看不到任何镶嵌和链接的痕迹。

或许香奈儿如此随意地设计珠宝，是对萧条经济的让步和迎合，但是谁又能否认这是消费者需要的呢？如此一来，不仅是上层社会的贵族可以潇洒地挑选自己喜欢的首饰，就是普通的有钱人也能够从购买珠宝中得到物超所值的兴奋感。

珠宝展大获成功，人们再一次叹为观止，为香奈儿那绝妙的想象与精彩写实相结合的惊人天赋所震撼。在随后的两周时间内，数千人前来参观，其中包括许多来自商界的知名人士，他们迫切需要到展览上抄袭新的概念、新的精神和香奈儿的独特魅力。

媒体和杂志也对这场盛会进行了大量报道，在法国版《VOGUE》杂志中，著名摄影师安德鲁·凯特斯拍摄了一系列炫彩夺目的照片，并详细描述了香奈儿的耳环、项链、手镯、头饰的款式，称它们为“举世难得的珍品”。也有媒体评价说，香奈儿的珠宝饰品“不仅闪现惊人的创意，而且展现出绝美的低调华丽”。

除了巴黎的媒体对这次展览给予了很高的评价，就是美国的杂志也纷纷将注意力集中过来，比如《纽约客》的巴黎特派记者珍妮特·弗兰那指出："在这个经济日益恶化的时代，大家都认为奢侈品早已不合时宜，香奈儿也要跟着没落，而她竟然在大环境最艰难的谷底，反其道而行之，将这些贵重的宝石打造得如此精美绝伦。"

这些赞美之词再次证明了香奈儿的实力，她似乎天生就是一个时尚达人，更知道如何将时尚与生活结合起来，使之变成一种人们需要和愿意争相购买的商品，也正因为如此，她能够在经济处于萧条的情况下，能够在巴黎街头遍布众多失业者和流浪汉的情况下，也能够在许多商业大亨纷纷破产的困境中，始终通过她的时尚王国获得稳定的收入。

香奈儿令人瞠目结舌的强势还表现在另一方面，那就是她敢于雇佣贵族来设计珠宝。事实上，香奈儿从来就没有把所谓的阶级差别放在眼里，她从一个小裁缝，突破层层阶级阻碍跻身到巴黎上流社会，这本来就是对阶级观念的彻底颠覆。

当她的香奈儿公司推出珠宝首饰的时候，她又雇佣了波蒙伯爵来为她设计珠宝。曾几何时，巴黎社会的人都以能够出席这位伯爵的豪华晚宴和化妆舞会为荣。不过，当时香奈儿还是一个刚刚进入巴黎社交圈的小裁缝，不甚出名，也没有显赫的身世，所以当然不会收到伯爵的邀请。直到她声名鹊起，成为潮流引导者，波蒙伯爵的态度才发生了颠覆性的改变，不仅邀请她参加晚宴，还把她奉为座上宾，甚至同意为香奈儿设计珠宝。

不过，伯爵虽然努力工作，对香奈儿却并不是忠心耿耿，甚至私下里与香奈儿唱起了对台戏，他在自己家里另外开设了一个小珠宝设计室，然后偷偷挖走香奈儿的顾客。这种不道德的行为让香奈儿非常恼怒，她直接解雇了伯爵，然后另外聘请了大文豪雨果的曾孙让·雨果和另一位意大利贵族佛杜拉公爵为她设计珠宝。

香奈儿在经济萧条时期的这样一次大胆出击，让人们更加深刻体会到香奈儿的影响力、社会关系和她在事业上的锐意进取。

山茶花的情缘

人们总是谈起身体的保养，但是精神的保养在哪里呢？美容应该从心与灵魂开始。

——可可·香奈儿

香奈儿是一个具有天赋、充满灵感的设计师，倘若以一朵花来诠释她的精神，毫无疑问就是山茶花。这种洋溢着尊贵气度的几何形花朵，是所有花卉里最素雅和清新的，它纯洁无瑕，无可比拟，散发着不可侵犯的庄严美。而在香奈儿的各种时装、配饰或是高级珠宝上，山茶花几乎无所不在，并始终以最经典的款式、最令人意想不到的姿态绽放。

那么，这纯净美丽的花朵，究竟是如何成为香奈儿的最爱的?

和许多人想象的不一样，山茶花并不是欧洲的本土花卉，最初主要在中国和日本种植。直到 17 世纪末，耶稣教士乔治·约瑟夫·坎密尔在游历日本时，发现了形姿优美的山茶花，才将它的植株带回了欧洲栽培。这种源自东方的山茶花，自从登陆欧洲的土地，就吸引了人们的目光。无论是在植物学家的实验室里，还是在浮世绘画家的作品中，都能够发现这款“东方玫瑰”的踪迹。到了 19 世纪，由于山茶花素雅清新又不失尊贵，同时还象征着愉悦的心情、奔放的激情与浪漫主义的情怀，女人们纷纷为山茶花所疯狂。甚至是拿破仑的第一任妻子约瑟芬皇后，也陶醉于山茶花和谐的色泽与光彩中，她更是带领了山茶花在法国作为装饰品的风潮，渐渐地，女人们用花装饰自己成为一种流行风尚。

不过在香奈儿这里，她与山茶花的渊源却不是一句话能够解释清楚的。

香奈儿最爱的情人卡佩尔送她的第一束花就是山茶花，而随着卡佩尔的去世，山茶花在香奈儿心中便成为了一种永恒，寄托着她对恋人最真挚最深切的怀念。

此外，香奈儿最喜欢的小说《茶花女》，也描述了一个喜爱茶花的女子的故事。当这本小说后来被改编为舞台剧时，香奈儿便和朋友们一起去现场观看。由萨拉·贝纳尔饰演的女主角玛格丽特，活灵活现，让香奈儿感同身受。玛格丽特是一个交际花，尽管如此，她在小说中仍然是纯洁的化身。她出污泥而不染，为了成全恋人的名声，选择一个人独自离开，并默默地背负着不好的名声和误会。不过这个善良的女子最后却没有得到很好的回报，她最终死于肺痨，悲剧收场。香奈儿对这个舞台剧印象深刻，她晚年时向朋友描述此事，说她从头哭到尾，甚至因为很大的抽泣声而引来观众的怒斥。“那个可怜的茶花女就是我的一生。”香奈儿说道。甚至是玛格丽特去世时的场景，也被她用来描述母亲离世时的凄惨景象：一具蜡白的遗体，下面是沾有吐出血迹的白床单和白手绢，旁边围绕着哀哀无告的孩子，等着父亲回来……凡是熟悉香奈儿的朋友都认为，这一定是受到了《茶花女》舞台剧的影响。因为，除却环绕在床边的孩子之外，那其实是茶花女玛格丽特垂死的一幕。

不管如何，《茶花女》在香奈儿心中占有重要地位，而那个喜欢茶花的女主角玛格丽特之所以让香奈儿产生如此大的共鸣，除了善良的本性、悲剧的结局，最重要的是，香奈儿和她一样，曾经都是一名出入上流社会的交际花。后来，许多年之后，当香奈儿从一个没有地位的情妇，转而成为一个功成名就的商界女性，自信取代了她曾经的自卑和畏缩，而白色的山茶花也大量出现在她的世界里：在她康朋街 31 号公寓的客厅里，山茶花在水晶吊灯上绽放着晶莹剔透的光芒；在她的中国乌木漆面屏风上，亦能觅得山茶花的芳踪。

山茶花，它的颜色是淡的，味道是轻的，但就是这样的山茶花，却成为了香奈儿最深切喜欢的花朵。爱之深，带来的是山茶花以各种形态呈现在香奈儿的作品之中。

1913 年，这种香奈儿最钟情的花朵以腰带的设计款式，首次在“香奈儿”的名义下问世。此后更是频繁地在她的各种时尚作品里绽放，比如在印花织物上，或雕刻在纽扣上。而在她的经典小黑裙中，就时常能发现山茶花的影子，它有时候为大朵的白色花卉之态，有时候则集聚在一起。通过简单的白色棉质山茶花装饰，香奈儿便让小黑裙焕然一新。此外，香奈儿在出入各种场合时，山茶花也是不可缺少的，无论是装点于胸前、作为发饰、套装的纽扣图案或是刺绣及蕾丝的花样，山茶花已成为香奈儿的著名象征。

至于香奈儿的高级珠宝，其从诞生之日起，就将山茶花作为众多系列中最重要的作品。形状接近几何圆形的山茶花，它的花瓣几乎以完美的规律有序地排列着，无疑，这种规整的形态可以直接应用到珠宝的设计之中，不过香奈儿却没有简单地复制，而是演绎出一系列不同的作品，既包括简约优雅的金色花朵，也包括精心雕琢的花瓣状钻石叠层，还有细腻的镂空波浪形花纹；有时候，香奈儿也将不同颜色的山茶花钻石放在一起，展现出光与影的极度对比。渐渐地，覆盖胸针、戒指、项链、耳环、吊坠等山茶花钻石系列，成为了巴黎女人们争相购买的产品，风潮甚至席卷欧洲、俄国……

直到如今，当香奈儿的身影消失在历史的光晕之中，香奈儿品牌却依然在每年将 2 万至 4 万朵手工制作的山茶花饰品，送往全世界的精品店。透过山茶花高级珠宝、时装饰品等神奇创作，人们仿佛依然还能看见香奈儿与山茶花的永恒故事。

第四章

她就是潮流代表

随意而优雅，这便是香奈儿的风格。她能够引领潮流，不是偶然，而是必然。在每一件令人惊艳的服装背后，都是香奈儿一针一线的努力，为了让衣服达到最完美的缝合状态，她会多次拆掉衣服重新缝制，也总是扯掉并不满意的袖子。然而，香奈儿却乐于如此，在她看来，没有比塑造最舒适的和最优雅的时尚更开心的事了。

斜纹软呢之路

有些人认为奢华的对立面是贫穷。事实并非如此，奢华的对立面是粗俗。

——可可·香奈儿

1927年6月，《VOGUE》杂志的英国版公布了一条重大新闻："香奈儿女士在伦敦设立了分店。"这意味着香奈儿的时尚事业扩展到了以绅士风度著称的英国。许多人都以为，香奈儿的巴黎思维在伦敦并不会起什么作用，令人始料未及的是，香奈儿独一无二的个性和英伦风最终呈现了相互交融之态，甚至极大地改变了英国人的服饰风格。

香奈儿伦敦的服装精品店位于一所老宅子当中，这栋古朴典雅的建筑是安妮女王时代的遗产，它保存完好，经过装修后焕然一新，兼具幽雅与新潮，似乎预示着即将到来的改变。

香奈儿是一个工作狂，尽管充满雄心壮志，她却并没有盲目地行动，也没有降低价格作为竞争手段，或是以奇装异服博取人们的眼球。她，只是一如既往地仔细观察和揣摩，看这个国度的女人们如何装扮自己。到了精品店开设前夕，她甚至比英国本土的服装设计师都要了解这些女人的审美品味：总是温文尔雅、彬彬有礼的英国女人，比浪漫的法国女人穿的要更为正式。

发现了消费者有据可循的喜好，香奈儿这才投入到服装的设计与制作当中。在服装的款式、设计、颜色、面料和做工等方面，她都巧妙地迎合了她们的口味，同时又不失自己的典型风尚。至于工作室中的裁缝，全部都是从英国当地的女人中雇佣而来，她们在富有经验的首席裁缝师的指导下，完成了一件又一件服装的缝制工作。还有一个细节也能体现出香奈儿追求卓越的品质——她寻来展示服装的模特，无一例外都是英国人。

经过一系列的准备，香奈儿在伦敦的首次时装展开始了。

或许是出于对她的好奇、质疑，或是嫉妒，许多人出席了这次展览。

新推出的服装，包括简单的塔夫绸晚宴裙，这些裙子的款式优雅大方而又不失高贵，非常适合上流社会的女子穿着出入宫廷；作为香奈儿时装的经典小黑裙，这时也做了改动，加上了性感的蕾丝；而带着小圆点的素雅长丝裙，让女孩看起来如百合一般清新，又如丁香一般淡淡的，是很多女孩参加私人宴会的必选服饰。

有备而来的服装，很快就征服了英国女人。她们最初的观望、疑惑态度，在看到香奈儿的时装之后，统统被消灭得无影无踪，留下的只是审美上的惊叹和购买的冲动。

《VOGUE》杂志对这次时装展进行了详细报道，它也不吝言辞地赞美道：“香奈儿设计的新系列在结合了传统形式与迷人的现代主义后，非常成功……这对英国和法国都是极为世纪的，犹如‘英法同盟’一般，是英国的品味和传统加上了法国式的时髦。”

事实上，在正式进军英国时装行业之前，香奈儿与英国便早已建立了密切的联系。从 1920 年起，她就在英国情人威斯敏斯特公爵的影响下，将英国元素应用到服装之中。

香奈儿热衷户外活动，无论是扬帆远行、狩猎钓鱼或打高尔夫球，都成了她生活中必不可少的要素。为了方便行动，她经常穿上英国情人的运动服装，比如说斜纹软呢外套、长裤和及膝长袜，在平坦或是曲折的道路上奔跑、跳跃。在香奈儿的心中，斜纹软呢堪称完美的服装材料，这种粗纺毛织物在当时主要由苏格兰居民手工编织而成，柔软蓬松，同时保持着“略带颗粒感”的独特品质。

从 1924 年起，香奈儿开始在她设计的时装系列中运用斜纹软呢。不过，始终充满奇思妙想的香奈儿甚至对这种服装材料也进行了改革。在她之前，传统的斜纹软呢主要由植物性的染料染色而成，比如红色可由地衣染出，紫色由接骨木染出，而绿色则由石南或荨麻染出。对于这些传统的单一颜色，香奈儿并不满足，她受到乡间缤纷色彩的启发，将叶片、苔藓甚至是泥土的样本纷纷带了回去，想要这些色彩都运用到斜纹软呢之中。于是，鲜艳明快的红色和紫色调中被加入了棕色、浅灰色等颜色，变得更加活泼起来。

对面料颜色进行丰富的同时，香奈儿也大胆地进行纺织技术的创新，她将人造纤维与羊毛相结合，并在其中掺杂着粗细不一的丝线或者棉线，制作出了轻盈纤薄、具有立体感的服装面料。这亦成为香奈儿斜纹软呢的一大特色。

为了大量生产自己想要的斜纹软呢面料，香奈儿于1927年专门在苏格兰设立了一家纺织工厂。工厂雇佣的工匠大多来自当地，掌握着成熟的织布和编织工艺，这为香奈儿生产指定颜色、纹理的面料提供了便利条件。这一年，香奈儿开始大范围使用斜纹软呢制作服装，无论是运动服还是套装，无不充斥着一种全新的个性。

在香奈儿的带领之下，斜纹软呢服装不仅在英国掀起了一种风尚，它也以强劲的势头进军法国时尚界，并被多家女装品牌竞相使用。1927年10月，美国版的《VOGUE》杂志也刊登了女星艾娜·克莱尔身穿香奈儿棕色斜纹软呢连衣裙的照片，并对这件连衣裙大加赞赏。

到20年代末，斜纹软呢真正火了，蔚为风潮。

在香奈儿以斜纹软呢制作的服装当中，以散发优雅休闲风格的经典套装和小外套最为著名。灵感最初来自英国男子的粗呢外套，香奈儿借鉴了这种舒适而有型的服装款式，将其剪裁为适合女性穿着的型号，同时加入了新的设计元素，比如说笔挺的线条、精致的收边等。她不断在细节上求新求变，似乎想要将这套经典服装幻化成女性身上的第二层肌肤。

当被好奇的时尚记者和编辑追问，是什么原因促使她要设计这种前所未有的外套时，香奈儿不无自豪地回答说：“这是为喜爱活动的女性量身订做的。我一直希望能设计一套让女人穿起来轻松又看起来优雅的服装，让她能悠哉驾驶的同时，也散发出女性的独特韵味。”

创新来源于需求，斜纹软呢外套的每一处细节无不体现着一种关怀与实用。

本着让女人们能够优雅活动的原初，香奈儿将传统外套中的垫肩拿掉了，在她看来，正是这些多余的布料才让女性的外套显得那样僵硬。而为了使外套得到利落剪裁的同时，兼具柔软舒适，香奈儿特意让裁缝按着布料的直挺纹理进行缝接，即使在胸部和背部，也没有刻意地进行抓褶缝合，更没有多余的裁切与装饰。

至于外套的侧边，会添加上一个垂直的镶片，这样不仅能完美地衔接外套的前后部分，也增加了舒适度，让女性走起路来更加方便。与侧边相连的袖子更是暗藏玄机，裁缝按照布料的垂直纹理进行剪裁，并且接缝在肩部的最高点，以便于增加双臂的自由度和舒展度。

口袋的设计则强化了外套的实用功能。女人们穿上这种衣服之后，再也不会因为双手无处摆放而产生无所适从的窘迫状态，因为她们可以自由自在地将手放进口袋之中。其实在香奈儿推出经典套装之前，女人们做出这种动作还被当做是不合礼数的，是过于男性化的行为，但是穿上香奈儿的经典套装，似乎一切都变得合理起来。

为了实现完美的垂坠度，香奈儿在外套的下摆处也“动了手脚”，即缝上具有一定重量的铜链。她让裁缝师将做工精致的铜链与斜纹软呢布料的收边进行重叠车缝，从而营造出一种别具一格而装饰简单的车线线条。

简洁的设计理念甚至延伸到了套装的内衬布。在香奈儿的斜纹软呢套装的里层，包含了许多片细致的内衬布，但无论内衬布采用的是针织材质或是绉绸，所有的剪裁细节都完全遵照精确的测量结果来执行，以求让人们穿上时达到最舒适的状态。尽管是两层，但是内衬布和外层的斜纹软呢，每一针的缝合都天衣无缝，在视觉上也呈现出精致的手工感和服贴度，将香奈儿套装的合身诠释得淋漓尽致。

总而言之，舒适时尚的斜纹软呢外套，充斥着香奈儿喜欢的中性韵味。这样的设计适合好动且崇尚自由的时尚女性，无论是在白天或是夜晚穿上，都能够感受到绝佳的舒适感。事实上，追求卓越和完美的香奈儿，在制作外套时，常会要求模特或客户将双手交叉置放于肩膀上，以便于取得最精确的测量数据。正是因为精益求精的执着精神，这种质地柔软但线条利落的外套，自问世起，便迅速征服了全球女性的心。

从男性的服装中发现女装的机会，在天马行空的想象中实现灵感的迸发，并依据精湛的制作工艺铸就良好的口碑，香奈儿似乎从来都知道如何走自已的时装之路。斜纹软呢，再一次证明了香奈儿的天才与实力，她也不愧是“对斜纹软呢慧眼独具的第一人”。

纯白下的梦幻

最适合你的颜色，才是世界上最美的颜色。

——可可·香奈儿

作为一名设计师，香奈儿深谙白色的强大魅力。早在白色缎面裙以威不可挡之势横扫女装界之前，她就在白色礼服的创作上达到了炉火纯青的地步。正是因为香奈儿，白色和白裙在时装界成为了一种新的时尚。

在中国传统文化中，白色是与鲜艳的红色相对应的一种颜色，如果说红色代表了喜庆、欢快、热烈，那么白色则是哀伤的化身。最直接的反应是在葬礼之中，从丧服到灵堂的布置，无不见白色的身姿。到了近现代，由于中西文化的相互融合，新娘在婚礼上也大多穿着白色的婚纱，表示对婚姻的忠诚与期待。

从这种对比中可以看出，白色在西方人的眼里是纯洁、优雅的代名词。

然而，并不是像许多人以为的那样——欧洲自古就对白色情有独钟，相反，在很长一段时间里，欧洲的白色和中国传统的白代表着一样的含义，那便是悲哀、离别或伤痛。比如中世纪的法国王室，就是以白色丧服代表最深沉的悼念，而不是用黑色。

其实，在孤儿院和修道院生活多年的香奈儿，非常了解白色的这一层含义。她的制服是白色的。而成年后的香奈儿，甚至曾一手操办了诗人雷蒙·拉迪盖的葬礼，她将这个朋友安放在纯白色的棺木里，而承载棺材的灵车也涂成了白色，最后更是用白马拉着灵车驶向教堂，那儿布满了白色的鲜花，等待着为离世的人送别……

没有任何杂质的白色，在人们心中甚至就是为了祭奠而存在。尽管人们也会在生活中见到白色的物品，比如说白色的床单和女仆工作时穿的白色衬裙，但是从总体上来看，白色与时尚完全是不沾边的。

不同于世人对白色的认知，香奈儿独特的审美品味再次为她开辟了道路。她对亮眼的白色情有独钟，在她的世界里，白色从来都不是忌讳的颜色，也从来都不是代表着病态的苍白。她记忆中也珍藏着一条与众不同的白裙。那是她童年参加坚信礼时，父亲送给她的礼物。裙子有蓬蓬鼓起来的蝉翼纱衬裙，还有一个长长的白色头纱。这是香奈儿人生中的第一条裙子，也是最重要的一条，或许从那个时候她就已经对白色产生了深深的着迷感。而她走上时装的道路后，这种喜欢也转化为她创作白裙子的冲动，特别是她在海边游玩时将皮肤晒成了古铜色，便更加喜欢穿上与暗色皮肤形成鲜明反差的白色裙子。不过香奈儿也承认，当时市场上的白色裙子看起来有点单调，穿在女人的身上并没有多美。

她决定不仅为自己，也要为其他人设计白色的裙子，她要将纯洁的白演变成或是如梦似幻或是性感诱人的衣裙。

香奈儿的朋友柯蕾是个作家，她曾经提到香奈儿设计白裙子的情景，并将香奈儿比喻成一头黑色的小公牛，干劲十足、顽强不屈地用自己那一套想法大胆面对一切。她还用详细的文字描写了香奈儿为一条优雅白裙雕琢的人体模型：“一尊六英尺高的天使，她一头金色秀发，超凡脱俗，美得出尘。如果撇开她身上只是略具雏形的服饰、纤瘦单薄的身子和忧伤的神情——她简直美得能引动世间最邪恶的欲念。”或许在香奈儿看来，只有这样超脱尘世的模型，才能够与她手中的梦幻裙子相匹配。

清爽、干净、纯粹而又优雅的白裙，在香奈儿的针线下不断演绎着自己的美丽。一件又一件成品制成了，客户的兴趣却并没有像香奈儿想象的那样热烈，甚至可以说是冷淡的。她们会在裙子前面流连，却终究没有购买。

香奈儿略微思索便明白了其中的道理，白色，或许在人们心中还是不祥和低微的。然而，她却不管这些，即使全世界的人都否定白色的服饰，她都觉得自己的白裙子具有独一无二的美。像之前一样，她不仅没有随波逐流地将白裙子束之高阁，反而更加频繁地穿上它们，出入上流社会的交际场所。

她原本就是美丽的，高挑的身材，精致的脸庞，即使静静地站在那里也是引人注目的，而穿上白裙子的香奈儿，身上的淡定气质愈发得到了凸显。只要打开1929年左右的时尚杂志，翻到时尚名流那几页就可以证明此言不虚。香奈儿的时髦身影，几乎到处可见：在意大利威尼斯的丽都岛，她身穿白色睡衣式的海滩装，手上戴着宝石手镯，在海边的游艇甲板上安静地微笑着；不久以后，她又以一身纯洁无瑕的白色装扮，出现在网球场上，色调一致的白帽、白鞋和白色网球装，增添了她的活力；转年，香奈儿的身姿又出现在英国普尔港，她穿着剪裁得体的白裙子和白外套，精神抖擞地站在怀特上校的蒸汽游艇上；而在巴黎的各大派对和舞会上，都能看到香奈儿气定神闲地身着白色缎面裙，带着闪亮的珍珠，与各界名流优雅地交流、谈笑……

时尚杂志对香奈儿的评价甚高，它们一致认为是香奈儿让白裙复活了。

在香奈儿的影响下，贵妇名媛们相继从过去的认知中走出来，纷纷穿上已经成为一种新风尚的白色日常裙、白色晚礼服，甚至是白色婚纱。她们在社交场合熠熠生辉。

对此，香奈儿自豪地说道：“在我之前，女人们对每个颜色都跃跃欲试，除了无色的白色。但我早就说过，黑色包容一切，白色亦然，它们的美无懈可击，绝对和谐。在舞会上，身穿黑色或白色的女子永远都是亮点。”

1933 年，香奈儿推出了全部以白色演绎的春季时装系列，她将过去创作的白色服装进行了新的包装和设计，正式向世人展出。法国版的《VOGUE》杂志对这一系列赞不绝口：“康朋街演绎了全新的白色。香奈儿的白色能让人真实地触摸到春光的色彩。这是香奈儿首次把所有白色作品集合成一个系列呈现，她的白色服饰让人们好像从发布会现场突然置身在诺曼底的果园。”在大萧条的暗淡阴影之中，香奈儿似乎是完全没有受到影响。

然而，尽管白裙在香奈儿手中得到了发扬光大，但是在香奈儿亲自设计的服装系列中，却很少能够看到婚纱。甚至终其一生，她只在 30 年代设计了几件婚纱，因为她一直不赞成巴黎时装发布会以婚纱谢幕的传统，所以从不在自己的秀场上安排这样喧闹的局面。不过，香奈儿一定不会想到，在她去世之后，她的继任者卡尔·拉格斐却在每年的高端定制服装展中，将一款腰部拖着长长白纱的西装式婚纱定为压轴之作，从而塑造了“香奈儿式新娘”的形象。

在香奈儿设计的少数几件婚纱作品中，其中一件是为妹妹安托瓦妮特准备的。从香奈儿创业之初，这个美丽热烈的女孩就一直为香奈儿工作，她是香奈儿亲爱的小妹妹，更是一个得力的助手，在1910年的康朋街21号的女店员名单里，她始终是排在第一位的，此后更是一直追随着香奈儿。姐妹俩的合作并没有一直延续下去，随着安托瓦妮特认识了一个意大利飞行员，并选择嫁给这个仅认识一年的恋人，她的身影也从香奈儿的时装店中消失了。

对于安托瓦妮特仓促决定结婚，香奈儿是反对的，不过当婚礼成为既定的事实之后，她还是为这个唯一的妹妹设计了一件纯白的婚纱。至于婚纱的款式是什么样的，没有确切的文字和图片记录下来，但想必一定是极美的。

香奈儿对两个弟弟的感情很淡，不过对这个妹妹，她还是非常慷慨，得知安托瓦妮特在婚后要跟着丈夫移居加拿大时，她为妹妹提供了17大箱之多的嫁妆。她以为安托瓦妮特终于得到了幸福，然而悲剧却从天而降。婚后才几个月，安托瓦妮特就离开丈夫，独自一人去了阿根廷的首都布宜诺斯艾利斯，并在那里因为流感而病逝。

香奈儿从没有和别人说起过妹妹的死亡，但是从此之后，她便很少设计婚纱。只有在亲近的朋友请求之下，她才会投入到这种纯白的创作之中。在这些幸运的女人中，当然包括香奈儿的姑妈阿德里安娜，这个只比香奈儿大一岁的长辈，她在等待了莫里斯男爵20多年之后，终于在1930年如愿地成为他的妻子。香奈儿作为见证人参加了婚礼，并亲眼看着阿德里安娜穿上她设计的婚纱走入教堂。

新婚夫妇拥抱的时候，香奈儿有些感触。她和阿德里安娜相伴几十年，曾经一起在修女学校生活过，也曾经一起为有钱人家的女儿缝制嫁衣，更是一起哀叹过贫穷生活的种种无奈。她们都想改变，但是当前行的道路摆在她们面前时，两个人却选择了不同的方向：阿德里安娜的生活以爱情为中心，甚至为了嫁给心爱的男人而等候多年也在所不惜；香奈儿则将大部分的精力放在了她的时尚事业上，以至于年近半百却依然没能穿上洁白的婚纱。

在充满喜悦的教堂里，在看着朋友们对阿德里安娜进行祝贺时，香奈儿是否曾后悔过，后悔自己选择的是这样的一条路？

进军好莱坞

谈论时尚的时候，应该带着满腔热忱，而不应该是狂热，更不应该充满诗意或者文学色彩，一件裙子并不是一部悲剧也不是一幅画，它是一种充满魅力而又转瞬即逝的创造。

——可可·香奈儿

到 1935 年，香奈尔时装公司已经拥有 4000 名员工了，她再也不是孤儿院那个可怜的小女孩，有的是钱。前行的道路越来越宽广，香奈儿却没有被眼前的甜蜜所蒙蔽，在戏剧服饰上取得的成功也没有让她的脚步停下来，她觉得前面一定还有更多的机会。而随着电影艺术在人们生活中产生的影响越来越大，香奈儿的目光自然而然地聚集到影视之中。

恰在此时，由于市场经济不景气，奢侈品行业受到巨大冲击，而价格定位较高的香奈儿时装也受到了一定程度的影响。面对现实，香奈儿采用经济型的棉料作为时装材料，并在服装中使用拉链来降低成本，然而，虽然价格降了一半，同时她设计的清新的波浪晚裙也得到了社交名流的青睐，但是总体来看，形势依然不容乐观。

面对此情此景，香奈儿更加确定了要走出去，去为美国正在勃兴的电影行业设计服装。香奈儿在心中反复设想着，如果把自己设计的服装搬上荧屏，将会是怎样的体现？她内心的创作因子被勾了起来，觉得自己要尝试一下才好。

这个时候，米西亚的影响力再一次突显出来，当她知道香奈儿的想法时，便立即为香奈儿联系了好莱坞的电影制片人塞缪尔·高德温。在香奈儿心里，高德温热情、直率、俏皮，他直接邀请香奈儿为旗下的电影明星设计服装，包括银幕上的表演服装以及私下里所穿的便服，以此来提升好莱坞的时装意识。香奈儿却有些犹豫了，她很难相信那些变化无常的女星们乐意从白天到黑夜，一直都穿她的衣服。

然而，几经考量，雄心勃勃的香奈儿最终还是决定去好莱坞。她觉得通过高德温的影片介绍自己的时装，既能产生广告效应，同时又是件有趣的事情。于是，香奈儿将巴黎时装店的事情打点好，便同米西亚一起登上了前往美国的轮船。

抵达纽约时，香奈儿却突然患上了一场重感冒，以至于在 10 天之内都难以走出酒店一步。尽管如此，记者们却还是蜂拥而来，他们抛出了一个又一个犀利的问题。

香奈儿似乎早已习惯了这种场合，尽管面对挤在酒店里的众多采访者时，她感到有些迷惑，但依然淡定从容地一一回答提问。根据记者的描述，香奈儿当时穿着一件红色紧身套衫，并配着因她而盛行的短裙，时尚优雅的美感一览无遗。香奈儿也告诉记者，她这次来美国的目的是“看看电影能给我带来什么，而我又能给电影什么”。记者们对香奈儿的印象很好，他们认为香奈儿很活跃，但不是夸夸其谈，而是每一时刻都展现出一名女商人的精明。

等到感冒终于痊愈的时候，香奈儿从纽约起程前往洛杉矶。再一次，香奈儿受到了媒体的追捧，而高德温也表示热烈的欢迎，他将香奈儿与米西亚介绍给剧组的导演和演员们。

此时高德温所在的联美公司正在拍摄《春风得意》，他提出让香奈儿为这个影片设计服装，并且保证衣服在两年后影片上映时依然不过时。香奈儿当然知道服装的目的在于加强角色的不同个性，是与影片紧密联系在一起的，因此她参观了电影是如何拍摄的，并了解到《春风得意》的大概剧情。不过由于时间紧迫，香奈儿在美国只来得及为健身房教练设计了几套衣服，便匆匆返回了巴黎。

在返程经过纽约的时候，香奈儿逗留的时间反而比在洛杉矶还长。在人头攒动的纽约，豪华的顶层公寓没有过多地吸引她的注意力，她关注最多的依然是时装。无论是位于第五大道的精品服装店，还是位于联合广场上的折扣商场克莱茵百货，香奈儿的足迹都曾遍及。

特别是克莱茵百货，给香奈儿的印象特别深刻。这里没有导购员，顾客们自行在四面都装有镜子的房间内试衣服，尽管服务一般，但生意却异常火爆，因为在第五大道卖 20 美元的衣服，在这里只要 4 美元就可以买下来。其中的道理香奈儿非常清楚，服装在款式上没有区别，只是使用的材料有所不同，更通俗地来说，这个折扣商场在卖仿制品。

香奈儿意识到，仿制品无处不在，但她却并不恼怒。在她看来，仿制品的出现便意味着原有商品的权威和有市场，她甚至宣称仿制品不过是一种“自发的宣传”。这是一种何等的气度和自信！后来，香奈儿在举办的一场时装展中果然运用了这种思想，在这次规模盛大的展览中，虽然有500多名贵妇每天都前来观看，但香奈儿却不卖展品，而是授予复制权，于是许多观众只能带着自己的裁缝。

代表时尚的香奈儿离开了美国，但时装和电影界的人们依然还在兴致勃勃地讨论着她，以及她的时装。香奈儿能否成功将她的时尚移植到电影明星的身上？没有人能够轻易下结论。了解明星的大佬们也调侃说，香奈儿不缺乏创意，但明星们却不是老实听话的乖孩子。假如香奈儿设计出一件精致的服装，那女明星们极有可能会加上一枝大红玫瑰，或戴上一枚紫色领结，仅仅是为了显示出与众不同。香奈儿才不管这些，她觉得只要自己设计出好看的衣服，这些女明星没有理由再画蛇添足。

高德温是一个精明的人，虽然在《春风得意》中与香奈儿没有达成全面的合作，但他深知与香奈儿联系到一起会产生意想不到的效果，因此后来又与香奈儿在《歌舞青春》中进行了第二次合作。在这个影片中，扮演女主人公的是葛洛丽亚·斯旺森。

斯旺森曾经是最佳票房的保持者，不过此时在走下坡路。最初试装的时候，她每天都到康朋街，但香奈儿觉得她的身材不够纤细，建议她减掉几公斤。最后的试装定在 6 周之后，紧接着斯旺森便随一个英国的花花公子去地中海游玩了。

等回来之后，斯旺森却发现自己竟然怀孕了，她想将孩子留下来，并暗自计划着在怀孕不是那么明显时，赶紧把《歌舞青春》拍摄完成。她穿上紧身衣去香奈儿那里试衣服，结果 6 周前量好的尺寸，她却穿不上了。

香奈儿大为气恼，她严厉地对斯旺森说道：“把紧身衣脱了，减掉 5 磅，你没有权利在几次试装的过程中让体重波动。”

斯旺森有些为难，她央求香奈儿为她做一件弹力内衣，这样束身内衣的痕迹就看不出来，也不会影响到拍摄的效果。

“为什么?”香奈儿坚持让斯旺森减肥。

“也许是健康原因，就试试看吧。如果不行，我会减掉 5 磅的。”

香奈儿最后让步了，她吩咐公司里的内衣专家利用医用橡皮筋缝出一件紧身内衣裤。在3个助理的帮助下，斯旺森才穿上这件内衣，不过效果也好得惊人。最后，斯旺森满意地带着香奈儿设计的好几箱衣服和一沓紧身弹力内衣回好莱坞了。而在《歌舞青春》拍摄期间，无论是导演，还是男主角，都没有看出来斯旺森已经怀孕。

影片播出之后，斯旺森日益下滑的人气没有因为这部影片起死回生，不过香奈儿的名气却在好莱坞流传开来。她又陆续为《希腊人有一种说法》《圆桌骑士》等戏剧或影片设计了服装，风格也是一贯的简单大方，甚至大胆地让影星仅穿一件最普通的白色缎子睡衣上镜。这便是简单却不平凡的香奈儿，她的到来，为好莱坞带来了革命性的变化。

在激战中成长

我的兴趣不只为几百个女人设计服装，我要使成千上万女性穿出美丽。

——可可·香奈儿

尽管与好莱坞的合作越来越多，香奈儿却从未想过将巴黎的时装店关闭而移民到好莱坞发展。相反，在体验好莱坞的模式之后，她觉得这个地方是无趣的。正如她晚年时所评价的那样，这里是“胸和臀的神庙”。不过香奈儿在此时赶回法国，却有一个更为重要的原因，那便是她在巴黎出现了新的竞争对手——伊尔莎·斯奇培尔莉。

伊尔莎生于意大利罗马，曾经和一位波兰人有过一段失败的婚姻，在花光所有的嫁妆之后，她来到巴黎。为了维持生计，她开始设计出售带有非洲艺术图案的毛衣。1927 年，有了一定经济基础的伊尔莎在巴黎开设了她的第一家服装设计沙龙。最初，香奈儿并没有将伊尔莎放在心上，她选择忽视这个新出现的比她年轻 12 岁的设计师，并将她称为“那个做衣服的意大利女人”。

然而，当香奈儿忙于好莱坞的事业时，伊尔莎也在逐渐成长起来。这个女子很有灵性，充满奇思妙想，也足够聪明。她知道若想在香奈儿时装已成为时尚圈霸主的形势下发展出自己的道路，那就要做出与众不同的东西。

她研究香奈儿时装的特点，很快就发现香奈儿主推解放的、简约的服饰，整体风格是典雅和现代的。于是，伊尔莎决定反其道而行之，正如多年前香奈儿成功时所采取的手段一样，她要引导出另一种新的潮流。基于这种现实，伊尔莎设计了毛皮织物，并将拉链染成和衣服相同的颜色。这样的服饰与香奈儿提倡的简约服装有着明显的不同，她是有意将奢华再次引入人们的生活之中，当然，最后也成功吸引了女人们的眼球。

其实在伊尔莎之前，巴黎也出现了一些要与香奈儿竞争的设计师，不过她们都没有找到突破点，最终也未引起香奈儿的注意。但是伊尔莎不同，她的审美别具一格，虽然和香奈儿不同，不过却像香奈儿一样吸引着同一类的女人，即崇尚干净、强硬风貌的新世纪的女性。而这类女人恰恰是时装的主流消费群体。

如果说香奈儿的服饰是精美的和无与伦比的高雅，伊尔莎则是具有鲜明个性的，她设计的衣服款式风格清新，但在用色上常将漂亮的颜色混合搭配在一起，比如说她就曾混合了紫色、红色和黑色，听着特别惊悚和骇人，不过效果也是十分惊人。正如她自己所说的："好的设计总是在坏品位的边缘走钢丝线。"

更为重要的一点是，伊尔莎比香奈儿还要懂得如何节省成本和提升工人创造的剩余价值。在以前，人们认为香奈儿为工人支付的工资是服装行业中少的可怜的薪酬，但伊尔莎却更加吝啬。她使用半奴隶性质的劳工，她诱惑针织女工日夜为她工作，甚至是周日也要坚守在工作岗位上。而一旦货物出现错误，她就会变得非常凶狠。

无疑，伊尔莎是比香奈儿更为冷酷的商人，也懂得人情世故。她曾经想把自己的设计卖给老一辈的资深设计师保罗·波烈，但是波烈并不喜欢她的风格。伊尔莎却并不气馁，她又找到了一个作家作为经济赞助人，后来更是依靠英国贵族威灵顿勋爵的弟弟在上格罗夫纳街开设了时装精品店。

同香奈儿一样，伊尔莎同艺术圈的名人也有着非常紧密的联系。她是西班牙著名画家萨尔瓦多·达利的朋友，在交谈之中，她获得了众多灵感。此外，她还聘请这些艺术家参与纺织品的设计，成功把超现实主义风格引入到服装之中。正因为如此，她的时装总是让人产生无限的幻想。

凭借独特的审美风格，伊尔莎的顾客越来越多，遍及贵族人士和社会名流，甚至是著名的影视演员葛丽泰·嘉宝、墨索里尼的情妇、威尔士王妃和温莎公爵夫人都成为她的客户。1935 年，她将时装店搬到卢浮宫旁边的旺多姆广场。由于这儿位于丽思酒店的前面，而香奈儿在康朋街的时装店则是在丽思酒店的后面，伊尔莎调侃道：“可怜的香奈儿，我用了丽思酒店的前门，她只得用后门了。”

香奈儿才不在意伊尔莎将时装店开在了哪里，她在意的是，与她有长期合作并维持良好关系的《VOGUE》杂志，开始关注和大量报道伊尔莎，这让香奈儿很不高兴。她给《VOGUE》杂志的老朋友康泰·耐仕打了越洋电话，结果两人闹得很不愉快，康泰·耐仕甚至下令他名下的所有杂志不得刊载香奈儿的任何照片。

到1936年秋季时装展来临前，伊尔莎的时装甚至拥有《VOGUE》英国版的圣诞刊封面。摄影师拍摄了一位备受赞誉的印度美女穿着伊尔莎设计的晚礼服，而在超现实主义的背景之下，还展示着伊尔莎名下的外套和绉纱。

面对越来越对自己不利的形势，香奈儿不得不在成功15年后，再一次花费众多的精力来关注她的竞争者。她为时装展准备的是一系列套装，其中以贴身花呢外套和开领白衬衫为代表。不同于香奈儿，伊尔莎让想象力得到充分展示，她在萨尔瓦多·达利的帮助下，设计出一件晚装，裙子上印有尺寸如同真实大小的龙虾，上部则点缀绿色的欧芹。

若单纯说两套衣服的品质，香奈儿时装和伊尔莎晚装实力相当，只是伊尔莎的晚装因一张温莎公爵穿着这件衣服的照片而备受关注。在这之后，伊尔莎又拿到了一些时尚杂志和媒体的专刊，包括《VOGUE》法国版、《伊周》和喜欢报道她与香奈儿之间恩怨的《巴黎日报》等几份报纸。

其实只要简单分析一下两人办时装展的风格，就可以明晰为什么媒体报道伊尔莎比香奈儿更为热情了。根据巴黎时装业的记者拉格南·费舍尔的描述，香奈儿的时装展非常庄重，但有一点沉闷。在展览现场，名人客户占据了最好的镀金椅子，而媒体界的众多记者只能挤在一个装有巨大镜子的楼梯下面。至于香奈儿本人，则很少露面，她藏在楼梯顶端的镜子之间。这让想捕风捉影的记者非常懊恼，他们甚至全程都拍不到香奈儿的身影。

与香奈儿的低调风格不一样，伊尔莎更偏好奢华的、耀眼的和充满感官刺激的时装展。她采用五光十色的灯光、震撼的音乐，当然服装本身就是五颜六色的，她还嫌这些不够刺激人的眼球，又在衣服上佩戴蚂蚱、蜻蜓、黄蜂等珠宝首饰。在时装展现场，她本人也是在比较显眼的地方。

或许正是因为两个人的格调不同，在媒体中产生的效果也大为不同。但本质上，两种服饰都有其各自的特点，是不能被取代的。尤其是香奈儿时装，在经历了十几年时间的检验，更是成为许多有品位的女士的不二选择。

曾经同时迷恋伊尔莎服装和香奈儿时装的戴安娜·弗里兰，对两种服饰作了详细的比较。她说伊尔莎的服装让人有一种活在梦幻中的感觉，特别是一件黑色紧身连衣裙令她印象特别深刻，那件衣服的拖地长尾像一个垫厚的鱼尾巴，穿在身上生动极了。而她同时也说道，自己非常喜欢香奈儿时装，除却一些精致的套装之外，她也偏爱小巧的开襟短上衣、可爱的浮花锦缎和漂亮的丝带，一切都是那样清新优雅。

不管怎样，香奈儿遇到了前所未有的竞争对手。这个对手试图和她建立不同的潮流，却又在分割相近的客户群体。更让她头疼的是，对方还比她更懂得吸引媒体的眼球。

香奈儿决定不再坐以待毙，她要做出改变。与伊尔莎的多次较量让她认识到，既然要在时尚圈中发展，那她必须借助媒体的力量，必须与众多的记者搞好关系才行。1937 年在巴黎举办的世界博览会，对香奈儿来说是一个契机。在朋友的陪同下，香奈儿穿着一件非常柔软的裙子到达现场，结果，她一出场便引来了记者的惊叹，成功吸引到他们的注意力。许多记者追问香奈儿，她的衣服是什么面料制作的，竟可以那样的轻柔！香奈儿微笑着回答了他们的疑问，并解释说，轻柔正是她的新主线，接下来她会着重在服装中进行展现。

在这次博览会上，香奈儿不仅以优雅的姿态和靓丽的服饰再次获取了媒体的关注，也得到了一些意外收获。法国著名电影导演让·雷诺阿邀请香奈儿为他的新电影《马赛曲》和《游戏规则》设计服装，其中《游戏规则》主要讲述了主人和仆人在室内进行的打猎游戏，这让香奈儿想起曾经在王苑时的生活场景，相似的经历，让香奈儿设计服装时特别得心应手，而她最终的作品几乎与电影要表现的内容简直吻合得天衣无缝。

此外，在舞台剧方面，香奈儿也受到考克托的邀请，为他的3部戏剧《地狱机器》《圆桌骑士》和《俄狄浦斯王》设计了服装。

香奈儿曾经被伊尔莎搅乱的时尚事业，再次回归了正轨，虽然她和伊尔莎等其他设计师依然充满竞争，但是此时的香奈儿更加成熟了，她不再对媒体集中报道伊尔莎那充满话题性的时装展而忿忿不平，而是想办法将主动权争夺到自己手中。

这便是香奈儿，一个永远不会退缩的时尚女王。

第五章

假如爱是永久

香奈儿是一个美丽的女子，即使当她还是一个可怜的小缝纫女工时，就已经吸引了许多青年才俊的注意力；在她成名之后，围绕在身边的优秀男子更是不计其数。他们囊括了当时各行各业的精英，包括英俊富裕的公爵，也包括多才多艺的作曲家、诗人和画家等，她和他们经历了一段又一段美丽的年华，却始终没有找到自己的归宿。

恋人或是朋友

你只是爱上一个不爱你的人，而我是没有意识到自己爱着这个一直爱着自己的人。

——可可·香奈儿

尽管在时尚事业上平步青云，香奈儿的感情之路走得却颇为不顺，想娶她的人她不想嫁，而她想嫁的人却因为这样或那样的原因不能在一起。

特别是在经历恋人卡佩尔去世的打击后，她沉浸在悲伤中很久都没有恢复过来。她的朋友米西亚等人为了帮助她从难过的情绪中走出来，便为她介绍了许多新的朋友，比如俄罗斯贵族狄米崔大公和作曲家斯特拉文斯基，他们试图通过安排这种忙碌的社交生活来排解香奈儿的痛苦。香奈儿接受了这种好意，感情生活也开启了新的篇章。

香奈儿和狄米崔大公的相识是在巴黎。狄米崔大公是俄罗斯沙皇尼古拉二世的堂弟，是一位地位显赫的贵族，但由于他曾经参加了刺杀沙皇的宠臣拉斯普京的活动，被迫到国外暂避风头。后来更是由于十月革命的爆发，只能一直在国外流亡。

事实上，早在 1914 年香奈儿和狄米崔大公就曾经相遇，但是当时两人没有任何交集，之后也没有联系。直到 6 年之后，香奈儿失去了最难以割舍的恋人，而狄米崔大公也成了落难王孙，两人的生活才产生了联系。

同所有逃亡国外的贵族一样，狄米崔大公长期面临着经济拮据的窘迫，身份更是不复以往那般尊贵和荣耀。或许他看起来依旧高大英俊、外表华丽，不过在许多人心中他却什么都不是，甚至没有男子气概，胆小如鼠，只能依靠喝伏特加来为自己壮胆。

然而，不管巴黎上流社会的人如何看待狄米崔大公，又如何在背后议论他只是一个家道中落和一文不名的落魄者，但在具有独特品味的香奈儿心中，狄米崔大公还是一个充满魅力的男人。他有着绿眼睛、细致的肩膀和挺拔俊俏的身材，全身更是充满忧郁和神秘的气质。

两人重逢的当天，香奈儿和狄米崔大公一起吃了晚饭。第二天再次见面时，香奈儿像朋友一般对狄米崔大公发出了游玩邀请，她说自己刚买了一辆蓝色的劳斯莱斯，想要和他一起去摩纳哥的蒙特卡洛度假。不过狄米崔大公却有些羞涩地说道："我没有钱，我只有 15000 法郎。"香奈儿对此并不介意，甚至大方地提出了 AA 制的消费方式："我也出 15000。有这 30000，我们可以玩一个星期。"不过在出去之后，香奈儿却告诉旅店经理，将一张数额较小的账单送给狄米崔大公就可以了。显然，香奈儿是打算自己支付大部分的消费。

和狄米崔大公接触的期间，香奈儿充分了解到俄罗斯文化的精髓，并将这种风格运用到服装设计之中。可以说，香奈儿总是善于从她的男性友人身上找到灵感，就像当初她在卡佩尔的激发下发明了舒适的女性运动风套装，她也从狄米崔大公身上获取灵感，制作出具有俄罗斯风情的花呢衣服。此外，正是由于狄米崔大公的引荐，香奈儿认识了同样流亡在法国的调香师恩尼斯·鲍，并在恩尼斯的帮助下推出了香奈儿 5 号等一系列驰名世界的香水。

通过狄米崔大公，香奈儿获得的利益远不止如此。即使是狄米崔大公的姐姐玛利亚·波夫洛芙娜也被香奈儿收罗到她庞大的时装事业之中。作为俄罗斯的女大公，玛利亚的出身虽然高贵，不过也经历了早年丧母的悲伤之事，又同在冷漠的环境中长大，甚至和香奈儿一样是在修道院学习了缝纫技术。玛利亚与香奈儿相识时，由于长期流亡国外，一贫如洗，她对香奈儿的印象非常好，认为她是一个坚定倔强的女子，也预感到香奈儿未来将是一号人物。

当狄米崔大公与香奈儿你侬我侬之时，玛利亚经常到香奈儿的康朋街时装店进行拜访。不同于狄米崔大公依靠香奈儿的救济生存，玛利亚更偏重于自食其力，她从香奈儿手中接下了为服装材料进行刺绣的活儿。她的刺绣作品具有明显的俄罗斯风情，深深打动了香奈儿，甚至成为香奈儿在 1922 年举办的春季时装展中的主推款式。也是从这个时候开始，玛利亚再也不用依靠变卖首饰生存了，而是有了稳定的经济来源，后来更是开了自己的工作室。

然而，尽管香奈儿和玛利亚的合作维持了很长一段时间，但是她和狄米崔大公的亲密关系却没有走到最后。狄米崔大公在香奈儿的别墅中住了 2 年左右的时间，他们的缘分便结束了。

没有明确的记载表明两人为什么分开，但狄米崔大公在多年之后与一个富可敌国的美国豪门之女结婚了。

事实上，狄米崔大公并不是香奈儿唯一资助过的人，他也不是唯一对香奈儿献殷勤的男子。当香奈儿在资助俄罗斯芭蕾舞团团长迪亚吉列夫公演《春之祭》时，便与《春之祭》的作曲家伊戈尔·斯特拉文斯基相识了。当时，斯特拉文斯基也处在流亡之中，更为糟糕的是他被没收了所有的财产，也没有护照，因此哪里都不能去。在朋友的帮助下，他从瑞士来到法国，和生病的妻子凯瑟琳在一个小渔村度过一整个夏天。

斯特拉文斯基完全没有收入，为了赚取生活费，他同意与迪亚吉列夫的芭蕾舞团合作，为《矮胖驼子》进行润色，后来更是为《火鸟》《彼得鲁什卡》《春之祭》等作品作曲，这让他在音乐圈获得了较高的声望。就是在这个过程中，他与香奈儿结识，并在香奈儿的邀请下住进了她在加尔什的别墅之中，而香奈儿本人则回到丽思酒店居住。

最初，两人像朋友一样相处。但有传言称，香奈儿和斯特拉文斯基在她的别墅中有着某种暧昧的关系，尽管当时斯特拉文斯基的妻子凯瑟琳正因肺结核病住在别墅楼上的房间里辗转反侧。八卦的人们甚至绘声绘色地描述了两人之间的互动和相处的故事。

没有证据显示香奈儿和斯特拉文斯基在别墅内有什么越轨举动，不过谣言却传播得越来越激烈。甚至是斯特拉文斯基帮助香奈儿遛狗的事情，也被演变成几个版本向外扩散出去。不过这件事要归功于香奈儿的闺蜜米西亚，不知她是出于嫉妒还是其他的什么原因，她详细地向人们描述了两人之间的事情，就是这件遛狗的小插曲也是她对外说出去的。

香奈儿对外面的流言不是无动于衷，她曾经对斯特拉文斯基说："你结婚了，你的妻子如果发现了……"但是斯特拉文斯基却并不想断绝与香奈儿的来往，他甚至明确向香奈儿表达了爱意："她知道我爱你，除了跟她说，我还能向谁吐露如此重大的事情?"

两人之间扑朔迷离的关系也惊动了米西亚的丈夫塞特，他觉得既然香奈儿曾经的恋人卡佩尔在去世前将香奈儿托付给他，因此他就有必要插手进来。最终，塞特将斯特拉文斯基诱骗到他和米西亚位于伏尔泰码头上的公寓中，告诉这个多情的作曲家，让他远离香奈儿，并恶狠狠地指责他是一个小人。

然而，唯恐天下不乱的米西亚在同一时间也将香奈儿带到了隔壁的房间，同时担当起传话筒。她跑到香奈儿面前煽风点火地说："斯特拉文斯基在隔壁房间里快要崩溃了，他想知道你会不会嫁给他。他正痛苦地绞着手。"

香奈儿没有回应，不过她依然和斯特拉文斯基像个朋友一样相处着，他们在一起聊天，一起游玩。他会教她音乐，他与她谈论贝多芬、瓦格纳，甚至他的祖国俄罗斯。香奈儿后来说，她之所以具有音乐素养，都来自于斯特拉文斯基的言传身教。

随着相处日久，斯特拉文斯基再次对香奈儿表白了，他说想要香奈儿和他一起去国外，因为芭蕾舞团很快要去西班牙演出，他希望身边能够有香奈儿陪伴着。香奈儿的回答却浪漫得如同小说一般，她信誓旦旦地告诉斯特拉文斯基"我会去找你们的"。

不过香奈儿没有实现她的承诺，她很快就和狄米崔大公开着劳斯莱斯去蒙特卡洛度假了。知道全部经过的米西亚似乎还嫌事情不够乱，她甚至特意发了一封电报给斯特拉文斯基，告诉他"可可是个爱公爵胜于爱艺术家的小裁缝"。斯特拉文斯基看到这句话，几乎崩溃。

香奈儿对米西亚大动肝火，她认为米西亚不该这样形容她，更不该发那封电报。于是，她几个星期内都不与米西亚说话。不过米西亚却将此事推得一干二净，甚至对香奈儿发誓从来没有说过这样的话。不管事实究竟是什么样的，有一点可以肯定的是，这场风波之后，香奈儿和斯特拉文斯基就再也没有见过面，不过他们之间的联系却也从未中断。通过米西亚这个中间人，香奈儿长期对斯特拉文斯基进行资助。

再说斯特拉文斯基，他在离开香奈儿之后，不久就深深地迷恋上了舞蹈演员薇拉·博塞。而在 1940 年，薇拉也终于成为斯特拉文斯基的第二任妻子，似乎香奈儿终于成了一个过客，甚至有许多为斯特拉文斯基写传记的作家也认为，香奈儿只不过是这个作曲家一生中的一件偶然之事。只是，事情真的是这样吗？他和香奈儿之间的关系真的那样简单吗？

在斯特拉文斯基与薇拉结婚的十年之后，他给米西亚写了一封信。这封信也终于揭开了一些被尘封的往事，也将他们之间最原始的情谊进行了还原。信里有一段话是这样写的："我真的感到十二分的歉意，总是向你要东西，还拿我的琐事打扰你。但是你知道自从第一次后，香奈儿就再也没有送过我任何东西了，以至于我们这个月连赖以生存的萝卜都没办法吃到。因此我请求你，把我们的现状向她提一提……"

可见，斯特拉文斯基在困难的时期，的确是靠香奈儿的资助生存的。甚至在香奈儿没有将物品送到时，这个才华横溢的作曲家也不得不低下头主动请求帮助。如果他和香奈儿之间只是如过客一般的关系，又哪里会建立如此联系？只是像朋友也好，是恋人也罢，斯特拉文斯基也不是香奈儿命中注定的那个男人，没有成为香奈儿的归属。他们相聚了，又分开，最后终于走向不同的道路。

最富有的公爵情人

我拒绝你，不是因为不够爱你，而是因为怕自己太爱你以至于迷失自己。

——可可·香奈儿

1923 年的圣诞节，香奈儿到蒙特卡洛度假，她在豪华的巴黎大酒店宴请了为自己工作的薇拉·贝特。严格意义上来说，薇拉并不是普通的模特，她和香奈儿其实是合作关系。薇拉身材姣好，气质出众，身上穿着的衣服也非常有品味，因此朋友们经常会询问她衣服是在哪里买的。香奈儿从中发现了机会，她让薇拉穿上自己设计的衣服，而一旦有人询问，她只要告诉对方设计师是谁就好了。

她们的合作关系一直持续着，由于薇拉的经历与香奈儿的妹妹安托瓦妮特非常类似，即她们都在一时冲动之下嫁给了一名军官，因此香奈儿与薇拉的交情也非常好。当香奈儿在蒙特卡洛时，她经常邀请薇拉一起游玩。也就是在这个时候，与英国贵族交往颇深的薇拉将香奈儿介绍给了当时英国的首富威斯敏斯特公爵。

威斯敏斯特公爵在伦敦的高级地段拥有大片街区，他的财产来源于爷爷威斯敏斯特公爵一世，当老公爵去世后，他直接继承了庞大的家族财富。那个时候，他才20岁，因为他那饱受癫痫之苦的父亲在他小时候就去世了。可以说，威斯敏斯特公爵是一个受到命运眷顾的人，他在年纪轻轻时就拥有了别人奋斗一生也难以企及的名望、财富和地位。

在家族环境的影响下，威斯敏斯特公爵养成了出众的贵族气质，他高个金发，举止淡定从容，当他还在英国最著名的贵族学校伊顿公学念书时就受到了同学们的羡慕。而同当时贵族男子所走的道路类似，他后来加入了皇家骑兵禁卫军，不过由于布尔战争的爆发，不久之后就被派往南非，成为驻南非英军统帅罗伯茨元帅的副官。就是在烽火连天的环境下，威斯敏斯特公爵认识了后来成为英国首相的温斯顿·丘吉尔。他们在火车上遭遇伏击，并肩作战，共同击退了侵犯者，这让两个男人之间迅速建立了深厚的友谊。

从南非回到英国，威斯敏斯特公爵便与贵族女子希拉订婚了，并在9个星期后举行了婚礼。希拉的姐姐嫁给了王储威尔士亲王，无疑，这是一场门当户对的联姻，虽然威斯敏斯特公爵和希拉在小时候就已经有了感情。这对新婚夫妇后来移居伦敦，住在格罗夫纳宅邸，不过他们也时常到坐落在柴郡的伊顿庄园居住。

威斯敏斯特公爵非常喜欢在伊顿庄园内的生活，他在这里养了许多猎獾犬，不管是狩猎还是在散步时总要带上这些狗。此外，除了像其他贵族一样骑马、狩猎，威斯敏斯特公爵也将许多别致的娱乐活动引入到庄园内，比如说板球、槌球、网球、划船等，他甚至还在庄园内建了高尔夫球场、组织马球巡回赛等。

威斯敏斯特公爵努力让庄园显得热闹，但在祥和欢乐的表象下，他和夫人希拉之间的感情却越来越淡。在一次邀请王储威尔士亲王夫妇的晚宴结束时，王妃明显感觉到她的妹妹一直处在情绪低落之中，她听到妹妹说，随着年龄增长，失望就成为生活的一部分，任何一位丈夫的表现都不会如人所愿。显而易见，威斯敏斯特公爵的婚姻亮起了红灯，他甚至觉得夫人希拉厌烦极了，他越来越不喜欢和希拉待在一起。即使希拉在第二年为他生下了一个男孩，让他免于庞大的家族财产被堂兄继承，但是，年轻的公爵却依然没有改变对夫人的看法，他们之间相处的时间越来越少了。

两人相安无事地继续维持着这一段已经名不副实的婚姻，直到一件悲剧的发生。当两人的儿子长到 4 岁时，突然得了阑尾炎，并在手术时意外夭折。威斯敏斯特公爵将这件悲剧归结到希拉身上，认为是妻子没有照顾好儿子，他们之间的关系更加破裂了。那个时候，威斯敏斯特公爵 29 岁了，许多人都预测两人将会分道扬镳。不过希拉随之而来的怀孕消息，让冰冻的关系稍微缓和下来。

假如希拉能够生下一个男孩，那么她和威斯敏斯特公爵之间的关系或许能够改变，但是命运却捉弄了她，她生下了一个女儿。随后威斯敏斯特公爵光明正大的和情妇一起出现，并在不久之后就通过律师向妻子提出了离婚。两人之间的离婚战线拉锯了很久才结束，威斯敏斯特公爵最后恢复了单身，不过他在伊顿庄园的生活依旧如往日一般潇洒恣意。

威斯敏斯特公爵的第二次婚姻娶的仍然是豪门贵族，即纳尔逊爵士的小女儿维奥莱特·纳尔逊。但是维奥莱特之前离过婚，并与前夫有一个儿子。两人结婚后，维奥莱特很长时间也没有为威斯敏斯特公爵生下一个至关重要的继承人。于是，威斯敏斯特公爵将大部分的心思花在游艇上。他为游艇取名为“飞云号”，这是当时世界上名列前茅的大型私人游艇，上面有40多名水手。甚至是身为政要的丘吉尔第一次登上游艇后也禁不住感叹“飞云号是世界上数一数二的漂亮游艇”。

也是在这艘豪华的游艇之上，威斯敏斯特公爵与香奈儿结识。当公爵听到薇拉谈到香奈儿正在蒙特卡洛时，他请求薇拉说服香奈儿参加在游艇举行的晚宴，只要香奈儿能够来，他便会给薇拉一件贵重的礼物作为回报。这对薇拉来说并没有什么损失，她去找香奈儿了，将威斯敏斯特公爵的话如实而又坦率地告诉了香奈儿，不过香奈儿当即就表示自己不会前往。然而，她经不住薇拉的劝说，最后同意第二天会如约到达。

为了欢迎香奈儿的到来，威斯敏斯特公爵邀请了 支吉普赛乐队，而他整个晚上都讲着满口地道而又风趣的法语。从男女之间的心思来看，威斯敏斯特公爵对香奈儿是非常感兴趣的，甚至有着刻意讨好的倾向。

香奈儿也的确是一个充满魅力的人，她独立自信而又兴趣广泛。在交谈之中，威斯敏斯特公爵不仅认识到她是“一位靠自己奋斗成功的女性”，也是一位迷人的可靠女子。无论是在跳舞的仪态上，还是在轮盘赌中，她和威斯敏斯特公爵皆配合默契。

宴会结束后，香奈儿回到酒店，结果就发现套房内铺满了鲜花。不用猜测便可以知道，这是威斯敏斯特公爵的杰作，他以实际行动明确表达出自己对香奈儿的关注。甚至当香奈儿回到巴黎之后，打开房门，也看到同样场景。

威斯敏斯特公爵陷入了对香奈儿的迷恋之中，他想方设法地向香奈儿表达爱意，甚至是利用了陪同威尔士亲王访问巴黎的机会，直接从伦敦来到香奈儿身边。不过他没有告诉香奈儿这件事，而是悄悄来到了巴黎。这一天晚上，香奈儿的管家约瑟夫打开房门，就看到一个高大的男子站在花篮后面。约瑟夫对于最近总是有鲜花送上门已不再惊奇，他淡定地收了花篮，但刚想给年轻人小费时，对方却告诉他自己是来自英国的威斯敏斯特公爵。

然而，香奈儿对威斯敏斯特公爵的追求却有些游移不定。她当然不是故作害羞，而是当时正是她事业上升期，她每天都要忙于设计服装和为时装展做准备，实在没有精力为这段意外的感情分身。此外，威斯敏斯特公爵和她的朋友们比如说考克托、贝拉尔、毕加索和霍霍·塞特等人合不来。

有一次，香奈儿同时邀请了双方参加一次宴会，但是场面却向难以控制的局势发展。考克托和贝拉尔的谈话过于微妙，总是有着含沙射影的诡异，而霍霍·塞特的自嘲对公爵来说也太过纠结。当然，威斯敏斯特公爵表现出来的贵族优越感，也惹恼了考克托，当这位先锋派作家说自己最近缺钱时，公爵则建议考克托为他写一本《本多尔宠物狗传》。本多尔即是威斯敏斯特公爵的昵称，他的调笑让考克托甚为讨厌。

香奈儿觉得自己和威斯敏斯特公爵在一起，便面临着失去这些艺术家朋友的难题。但她在这个时候却不想没有这群朋友的陪伴，他们都是她灵感的源泉。

威斯敏斯特公爵却不管这些，他继续发动对香奈儿的攻势，甚至将香奈儿带到了他位于柴郡的伊顿庄园。香奈儿很喜欢伊顿庄园，认为其处处体现着英国贵族式的生活品味。她在这里度过了一段悠闲的时光，甚至像女主人一样招待客人，安排他们打马球、狩猎喝茶或是散步。

在香奈儿和威斯敏斯特公爵的关系日渐亲密时，英国、法国和美国的时尚杂志都把注意力放到了香奈儿身上，他们纷纷猜测着香奈儿极有可能成为公爵的第三任夫人。

不过当事人却并不着急，尽管威斯敏斯特公爵非常喜欢香奈儿，但他对于是否开启第三段婚姻却非常慎重。而香奈儿也不可能为了伊顿庄园女主人的角色就放弃她的时装公司和时尚事业。尽管如此，香奈儿却不得不承认，她的注意力还是被威斯敏斯特公爵吸引了，这个优雅的男人几乎能够容忍她的一切，关于她特立独行的思想，以及她为之疯狂的时装事业。

与此同时，香奈儿也会为公爵还勾搭着别的女人恼怒。在一次与公爵在“飞云号”上游览时，香奈儿见到公爵带在身边的一位年轻漂亮的室内装潢师时，当即就勃然大怒，于是，为了专门让这位年轻的女士下船，游艇不得不特意在岸边停靠。从这件事也可以看出，威斯敏斯特公爵虽然花心，但是他对香奈儿的真心却是不容置疑的。

在这个时候，香奈儿也将姐姐朱莉娅的儿子安德烈介绍给了威斯敏斯特公爵。在香奈儿心中，这个体型修长的外甥是像儿子一样的存在，是她和卡佩尔非正式收养的孩子，不过当年的孩子已经长大了，结婚了，此时他的妻子正怀着他们的第一个孩子。当香奈儿将安德烈夫妇介绍给威斯敏斯特公爵时，公爵非常开心，他感觉自己终于融入了香奈儿的生活中。甚至当安德烈的女儿出生时，他和香奈儿分别担任了这个婴儿的教父和教母。

只是幸福会一直持续下去吗？香奈儿能像媒体说的那样成功嫁给这个英国首富吗？

很快，香奈儿就遇到了难题，她和公爵在一起有一段时间了，不过她始终难以怀孕，她已经 40 多岁了，面临着生育危机。然而对威斯敏斯特公爵来说，生下一个男孩却是至关重要的，他的女儿不能继承他的爵位和财产，如此，他将面临着将资产拱手让给堂弟继承的局面。

香奈儿对这件事的前因后果非常清楚，不然公爵也不会两度离婚。她更是一个有过许多经历的成熟女人，知道仅凭爱情难以让她和公爵之间的婚姻持久长存。为此，香奈儿开始咨询专家，尝试各种可以受孕的方法，只是依然没有任何效果。而当听到令人陶醉的环境有助于怀孕时，她和威斯敏斯特公爵决定在地中海上游的高地罗克布兰建造住宅。最后，他们买下了拉堡萨的地产，并邀请了一个 28 岁的建筑师为他们将要建造的别墅提供意见。

建筑师在 3 天之后就拿出了设计方案，香奈儿和威斯敏斯特公爵非常满意，很快，这栋被寄托厚望的别墅动工开始建造了。香奈儿回到了巴黎，但是每个月她都会到工程现场查看进度，而等到住宅终于建好时，她已经花去了 600 万法郎。

在这栋新别墅中，香奈儿的套房和威斯敏斯特公爵的房间是通过浴室隔开的，既保证了两人的联系，又有各自的空间。此后他们花了大量时间在这儿居住，也邀请了丘吉尔、薇拉·贝特等朋友前来做客，似乎一切都意味着良好的开端。然而，香奈儿还是没有任何怀孕的迹象，她开始对这种生活感到厌倦和疲惫，觉得自己失去了尊严，像是一个囚徒。

当香奈儿面对困境时，朋友米西亚的离婚更是为她的坏情绪造成了雪上加霜的影响。香奈儿是看着米西亚和霍霍·塞特走进婚姻殿堂的，也曾经跟随他们一起去度蜜月，更是见证了他们多年的婚姻生活，只是这对夫妻却还是分开了。霍霍·塞特喜欢上一个年轻的俄罗斯姑娘，想要和米西亚离婚。米西亚同意了，他们的婚姻最终走到了尽头。

这件事令香奈儿非常伤心和绝望，她觉得男人都是不可靠的，不能指望他们会永远对爱情保持忠贞的态度。因此，在怀孕无望的情况下，香奈儿拒绝嫁给威斯敏斯特公爵，尽管公爵一直在追问她为什么不选择结婚，尽管公爵的母亲曾经请求香奈儿嫁给她的儿子。

香奈儿对公爵不是没有感情，也不是没有想过结婚，只是不能怀孕让她很没有安全感，尤其是嫁给像威斯敏斯特公爵这样必须要生下一个男孩的人。所以，即使威斯敏斯特公爵在明知她很难怀孕的情况下依旧向她求婚，但是香奈儿却退缩了，她很明确地告诉威斯敏斯特公爵：“我必须怀上你的孩子才能结婚。”对于她来说，在冲动之下结婚并不能解决已经存在的矛盾。

事实上，香奈儿不愿意与两情相悦的威斯敏斯特公爵结婚，还有一个非常重要的原因，那就是她只能在公爵夫人和时装店老板之间选择一种身份继续生活。作为地位显赫的威斯敏斯特公爵夫人，不允许香奈儿出来经营自己的时装生意。这让香奈儿非常不理解，也很愤怒，她不觉得自己有必要放弃已经融入生命中的事业，就是为了成全看起来并不明朗的婚姻。

恋情已经到了困难重重的阶段，香奈儿决定放手，在她看来，与其步入充满浪漫却虚无飘渺的婚姻之中，不如抓住能够给她带来更多安全感的时装事业。更何况，时装就是她的生命，假如放弃了设计时装，那么她便不是香奈儿了。

至于威斯敏斯特公爵，他从始至终似乎都意识到两人之间的结合是不可能的，尽管他心中非常喜欢香奈儿，不过最后还是放弃了这段感情，并在认识西桑比勋爵一世的女儿不到一个月后，就与之订婚了，两人也在第二年（即 1930 年）的 2 月完成婚礼。

与艺术家们共舞

只要知道男人跟孩子一样，你就什么都懂了！

——可可·香奈儿

香奈儿渐渐老了，曾经出现在她生命中的男人都没有留下来，当积怨吞没了她的老年时光，闯入她生活中的男人是法国著名诗人皮埃尔·勒韦迪。

有人说香奈儿最初与勒韦迪在一起时，只不过是为了报复威斯敏斯特公爵和年轻女人们之间的花天酒地，而并不是真的喜欢上了这个性格怪异的贫穷诗人。但是只要了解一下两人交往的经历，便可以知道，事情并不是这样。

勒韦迪比香奈儿小5岁，相貌普通，但有一双明亮深邃的黑眼睛。此外，相较于香奈儿之前交往的公爵、大公等贵族，勒韦迪的身世也是非常不起眼的，他的爷爷是石匠，父亲是一位地道的乡下人，以种植葡萄和酿制葡萄酒为生。可以说，他的出身深深地打上了农民和工人阶级的烙印，也被很多上流社会的人认为是低微的。

勒韦迪出生后一直住在故乡纳博讷，直到1910年才定居巴黎。初到巴黎这个艺术中心的时候，勒韦迪身无分文，长期过着贫穷困苦的生活，但是却身处无与伦比的雅各布、毕加索、格里斯等一群艺术家精英群体之中，并与毕加索建立了深厚的友情，而作为两人友谊的见证，毕加索也亲自为他创作了一幅铜版肖像画，用来作为他的诗集《黄麻绞索》的封面。

在巴黎，勒韦迪也认识了后来成为他妻子的亨丽埃特。这个女孩同香奈儿最初的经历有些相似，同样是在一家时装店里担任初级时装剪裁师，不过她有时候也在街区为艺术家们摆姿势。勒韦迪就是在这个时候认识了她，后来顺理成章地走入婚姻殿堂。然而，婚姻并没有改变勒韦迪的生活状态，他依然贫穷，没有稳定的经济来源。为了养家，他的妻子拿起针线，做起了一些缝纫女工的活儿。

或许是不愿意被妻子养着，勒韦迪从诗歌创作的痴迷中走出来，找了一份报纸校对员的工作。正是这份工作，后来也使他用手工排字印出了自己的第一部诗集。花费了几个小时的时间，他在一架旧印刷机上印出了100册，他的妻子则用线将这些薄薄的诗集缝好。此后，勒韦迪的生活逐渐走上正轨，才华也日益显露。他接着出版了其他一些诗集和3部小说，又在米西亚的资助下创办了前卫的文学杂志《南北》。虽然《南北》杂志只发行了16期就停刊了，但是雅各布、亨利

·劳伦斯等人在杂志上发表的众多作品，也为超现实主义的诞生奠定了重要的基础。除了自己的事业日益上升，勒韦迪也帮助雅各布、考克托等人出版他们的作品，正是在这个过程中，勒韦迪进一步发现了这群艺术家是多么具有天赋。

勒韦迪与艺术家之间的交往，也为他与香奈儿的结识搭起了桥梁。他的朋友毕加索、考克托和米西亚等人，皆是香奈儿的至交好友，因此，勒韦迪与香奈儿之间产生交集也是理所当然的。他们第一次见面是在米西亚家中，不过当时香奈儿正沉浸在恋人卡佩尔去世的悲伤之中，无心与勒韦迪交谈，而勒韦迪尽管知道香奈儿的大名，却也没有投入过多的注意力。两人的生活真正出现交集，是从香奈儿和威斯敏斯特公爵的关系走进死胡同时。那个时候，香奈儿低落，情绪不佳，对一切都抱有怀疑和不确定的信念。于是，思想深刻、见解怪异的勒韦迪走进了香奈儿的内心世界。

自从发现勒韦迪是一个有意思的诗人，香奈儿几乎是无视一切地关爱着他。她爱他的灵性、神秘和全身上下都饱含的悲凉情调。勒韦迪坚定地认为幸福只是一种陷阱，香奈儿非常认同这种观点，当然，这与她童年时的不幸经历密切相关，她那不负责任的父亲、早逝和不幸的母亲；她想要成为卡佩尔的妻子，但是卡佩尔却娶了一个贵族女子为妻，最后更是意外身亡；她以为能和威斯敏斯特公爵结为夫妻，可是公爵却只想要一个继承人……所有这些悲伤的经历，都让香奈儿对勒韦迪的观点产生了深深的共鸣。她觉得他是懂得自己的，懂得自己的想法，而这种心意相通甚至不是刻意的，只是因为他们的思想很接近。

然而，有些时候，他们的思想也会产生分歧，甚至会面红耳赤地争论人类在最深层面上的存在意义，勒韦迪强调人类是虚荣的，而香奈儿则谴责他行为上的自我放纵。

思想上出现争论也好，不认同也好，两人的关系却越走越近。勒韦迪为香奈儿的一些警句式的妙语进行了润色，而在香奈儿看来，勒韦迪是非常富有才华的诗人，他的诗歌敏感热情，同时又令人费解。这并不是香奈儿一人的看法，事实上，勒韦迪作为超现实主义诗歌的先驱之一，他的作品在许多人看来的确实是很难理解的。勒韦迪擅长描写空旷的街道和寂静的广场，以及都市里人们的焦虑之情，这些朴实的诗句唤起了人们的期待。

勒韦迪才华横溢，但他那朴实无华的天赋并不被所谓的聪明人看重，尽管他在朋友们中间找到了共鸣。同时，勒韦迪毕竟不是擅长将才华用于赚取商业利益的人，所以当蒙马特尔的朋友或是声名远播，或是获得了巨额财富的时候，他还是过得非常穷酸，甚至赖以活命的也只是偶尔垂青的出版商和妻子的缝纫技术。

当香奈儿走进勒韦迪的生活中，她一眼就看出勒韦迪面临的问题，她建议勒韦迪将诗作写在一张单独的纸上，然后在每一页上都签上名字，就像画家用他们的画布作画一样。“你会像他们一样富起来，但愿这能在你的生活中加点自命不凡的炫耀。”香奈儿的建议却并没有被勒韦迪采纳，他依然随着心意书写自己的诗。

在香奈儿的影响之下，勒韦迪写出了许多经典而充满柔情的诗句，比如说：“亲爱的香奈儿，你不懂阴影如何反射光明。就是从这阴影之中，我对你生出了如此的柔情。”不过香奈儿最喜欢的是这一句：“假如人们真的幸福，那么梦想会是什么?”

其实，即使勒韦迪贫穷，不能依靠诗作赚取钱财，但凭借香奈儿的财力也足够让他过上富足奢华的生活，就像香奈儿与俄罗斯狄米崔大公在一起时一样。但是勒韦迪却是一个别扭和孤寂的人，他不想自己被贴上“依靠女人而活”的标签，所以一直未能接受香奈儿的好意。而尽管他迷恋香奈儿，也住在香奈儿的公寓中，却从不与香奈儿一起出去，只是偶尔才回蒙马特尔的艺术圈中放松一下。在他心里，始终觉得自己和香奈儿是两个世界的人，是需要保持距离的关系。他在迷恋香奈儿的同时，也讨厌自己对妻子的不忠，他知道妻子为了家庭付出了很多，可是他就是没办法控制自己的感情。很多次，他想要逃离，也强迫自己回到家中，回到等待着他的贤惠的妻子面前，但是他还是忍不住回去找香奈儿。

勒韦迪就在这种矛盾的感情中与香奈儿相处着，他将自己写的诗集赠送给她，因此香奈儿拥有了他的第一版《皮埃尔·勒韦迪全集》，他还将送给她的献词亲笔写在书中。后来，这套书成为香奈儿终生保存的纪念品。

尽管勒韦迪和香奈儿互相喜欢和迷恋，这一次，香奈儿的感情再次无果而终。勒韦迪最终还是逃离了，他排斥围绕在香奈儿周围的财富和声誉，以及众多声名显赫的贵族名流，他觉得只有孤寂和黑暗才是适合自己的，这种充满悲凉的情调曾经深深吸引着香奈儿，却也成为了他最终离开香奈儿的理由。

勒韦迪说过一句流传深远的名言："上层社会的社交生活犹如一个庞大的抢劫集团，没有尔虞我诈的利益交换就不可能存在。"可见，他的心里本质上还是排斥上层社会的浮华，更难以接受香奈儿每天灯红酒绿的生活，尽管他非常喜欢香奈儿。

1926 年，勒韦迪隐藏在心底的情绪终于爆发了，他当着朋友们的面烧掉了几篇诗稿，接着毅然斩断情思，离开巴黎，隐居到索莱姆村庄的一所小屋。

香奈儿得到消息后，非常震惊，也非常受伤，不过还是接受了命运的安排。值得一提的是，勒韦迪离开香奈儿后，生活全面陷入贫困之中，是香奈儿伸出了援助之手，为他的隐居生活提供经济保障，也资助他继续出版诗集。不过为了照顾到勒韦迪的自尊，香奈儿通常都是秘密购买勒韦迪的手稿，或者通过出版商为他提供出版便利，之后再认购他的作品。可以说，香奈儿对勒韦迪的帮助是慷慨的，又是得体的。

第二次生死相拥

不被爱的女人算不上真正的女人。无论她的年纪是多大，女人需要爱她的男人那深情的目光，否则和死没什么两样。

——可可·香奈儿

在香奈儿的众多情人之中，保罗·伊里巴是一个比较特殊的存在，他既不是香奈儿最爱的那个男子，也不是香奈儿曾对第一个恋人巴勒松军官所定位的“从来都没有爱过”。相反，在香奈儿心里，她觉得伊里巴是她遇到的所有男人中最复杂的一位。

他心中明明喜欢香奈儿的财富和名望，但是他却假装不在乎她的金钱，假装他们只是因为相互倾慕才在一起，甚至有时候也表露出希望香奈儿跌倒、反过来依靠他而活的想法。只是，假如香奈儿真的一无所有，他是否还愿意与香奈儿在一起？没有人想过这个问题，因为答案多少会让人觉得失望，尽管后来伊里巴的确是爱上了香奈儿。

香奈儿当然不是一个天真的小女孩，她早已洞悉伊里巴与她接近并不是像之前的恋人一样，只是单纯喜欢她这个人。但那有什么关系呢？谁又能否认，她创造的财富不是属于她的一部分？不过，香奈儿在伊里巴面前的确是无可奈何的，她觉得自己被伊里巴控制了，总是受到他的情绪引导。这让香奈儿耿耿于怀，甚至晚年对自己的传记作家保罗·莫朗回忆往事，在提到伊里巴时依然情不自禁地咕哝着“他让我精疲力尽”。尽管如此，香奈儿在这段感情中却是甘之如饴的。她喜欢他的才华横溢，喜欢他的无赖和不可一世的样子，也喜欢他说话时的尖酸刻薄劲头。这或许便是爱情，她讨厌他，却依然想要和他在一起。

那么，伊里巴究竟是有什么特殊的魅力，让香奈儿这样痴迷？

首先可以明确的一点是，能被香奈儿喜欢的男人绝对不是一个草包。只要翻开沉寂的历史书页，便可以发现，伊里巴是一个多才多艺的艺术家和设计师。他在遇到香奈儿时就已经成名多年，并早于香奈儿进军好莱坞，在那里度过了漫长的十年时光。

伊里巴与香奈儿同一年出生，不过他比香奈儿幸运多了，他有一个能够承担起家庭责任的记者父亲，长大后直接在父亲的报社里当学徒，主要学习排版。不过，伊里巴却并不满足于成为一个排版工，没过多久他就辞去了工作，到一所美术学院攻读建筑学。然而，他最终也没有成为一名建筑师，而是对绘画产生了浓厚的兴趣。更是在 17 岁时就顺利卖出了自己的第一幅画作，而买家则是当时巴黎最为著名的周刊《肥差》。25 岁那一年，伊里巴也创办了自己的杂志《目击者》，可谓年少有为。

由于独特的绘画天赋和敏锐的观察力，伊里巴很快就成为一名专业的讽刺画家和漫画家。在 20 世纪之初，他是除了塞姆之外，在描绘时事上笔触最犀利的画家。风格迥异、热烈直接的伊里巴，很快就引起了艺术圈和时尚圈的注意力。香奈儿的竞争对手保罗・波烈是较早向伊里巴抛出橄榄枝的人，他邀请伊里巴观看自己推出的时装展，然后画出他觉得最具吸引力的模特和服装，于是一本与众不同的绘画集就诞生了，即由服装设计师的作品组成的插画集《保罗·伊里巴所绘保罗·波烈长裙》。

这样的伊里巴在遇到香奈儿之前，显然就已经是被众多女子关注的对象，后来他娶了一个电影演员，不过他的第一任妻子在两人到达美国不久后就死于肺结核。伊里巴很伤心，却也很快迎娶了一个继承大量遗产的女子，即他的第二任妻子梅贝尔·霍根。

在美国的时光，伊里巴的才华进一步为人所熟知。派拉蒙电影公司的创始人之一杰西·拉斯基发现了伊里巴，并将他带到好莱坞交给了导演戴米尔。同香奈儿后来进入好莱坞设计服装不同，伊里巴的工作主要是为戏剧、影片设计布景，他接手的第一个工作就是《安纳托尔韵事》，由于他的出色布景，也让这部影片成为了戴米尔最为成熟的无声喜剧片。而随后在《凶杀》《换夫》《摩西十诫》等影片中的布景，都极为成功而出人意料。很快，伊里巴被派拉蒙电影公司提升为设计总监，全权负责这个公司出产的所有影片的布景。

可以说，伊里巴的事业发展到了前所未有的高度，很多人都认为他的前途是无可限量的。但是伊里巴却是一个性格有缺陷的人，他固执己见，很难相处，更是和自己的助理米切尔·莱森极为不合，两人经常在办公室内争吵。

如果说和助理的争吵为伊里巴带来了不好的影响，那他和上司戴米尔的争执则直接终结了他在好莱坞的辉煌事业。当戴米尔让伊里巴为他的新剧《万王之王》布景时，伊里巴再现了基督时代的全景，不过戴米尔却觉得这样的布景太过沉闷，提出让伊里巴设计更具想象力的布景，而不是强调事实的准确性。伊里巴为此和戴米尔争吵，结果是，戴米尔直接炒掉了伊里巴，直接让他的助理米切尔·莱森接任。

可怜的伊里巴，为派拉蒙服务了 10 年的时间，却以这样的方式终结了他的事业。最终，他和妻子梅贝尔回到了巴黎，并利用梅贝尔的钱财开了一家店铺，专门为高端客户实现家具和珠宝的定制。如果说这个时候没有发生世界性的经济大萧条，那么伊里巴很可能东山再起，在巴黎开辟另一番天地，但偏偏他就是到了时运不济的阶段。

在大萧条时期，即使是高端客户也不得不节省开支，更何况他的店铺只是新开的，又哪里经得起与老牌家具店和珠宝店的竞争？最终，伊里巴陷入了经济困难期，甚至失去了汽车、游艇和房子。为了生存，他的妻子梅贝尔为他介绍了当时正在全面开展珠宝事业的香奈儿，并从香奈儿那里获取一些珠宝订单。

这或许便是命运的安排。如果梅贝尔知道他的丈夫将会与香奈儿开启一段不同寻常的恋情，她是宁愿过着贫穷的生活？还是依然毫不后悔地将香奈儿介绍给伊里巴？

不管她的选择是什么，人生没有回头的道路，伊里巴和香奈儿走进了彼此的生活之中，并在相互欣赏、相互吸引中发展成为了爱人。

其实，对于香奈儿来说，伊里巴不仅是恋人那么简单，这个多才多艺的男人还是她的工作搭档和朋友。她认为伊里巴机智敏捷、强势犀利，是值得她信任的有能力的人，而在和伊里巴建立亲密的关系后，她也将时装公司和香水的事物交给伊里巴处理。她委任他为自己的全权代表，让他在争吵激烈的董事会上直接面对威泰默家族的两兄弟。尽管由于伊里巴不熟悉香奈儿香水公司的业务，也不熟悉公司法和会议流程，导致他最终被董事会赶下台，但是也无损香奈儿对伊里巴的信任。

他们的关系更亲密了，经常一起外出度假，也一起观看戏剧，伊里巴甚至还为香奈儿重新装修了公寓。只是伊里巴终究是有妇之夫，他和香奈儿之间的关系也不被人们看好，许多人都在议论纷纷，甚至传出伊里巴要和香奈儿结婚的传言。到 1933 年的夏天，伊里巴的妻子梅贝尔终于发现她的丈夫出轨了，爱上了别的女人，不过她没有大吵大闹，而是带着两个孩子直接回到了美国。

在妻子离开巴黎之后，伊里巴为了能够与香奈儿的距离更近，搬到了凡登广场16号。他们朝夕相处，共同经营香奈儿的事业。但是经济萧条还是影响了他们的生活，为了节省开支，香奈儿辞退了许多仆人，并搬回到丽思酒店。

这个时候，雄心勃勃的伊里巴也说服了香奈儿资助他重新开办《目击者》杂志。尽管香奈儿自己也面临经济问题，但她还是答应了伊里巴的请求。在这一次的杂志创办中，伊里巴自任董事、主编和漫画家，拥有绝对的控制权，因此也给他创造自己想要的作品提供了足够大的空间。他的绘画依然延续以往犀利直接的风格，充满讽刺意味。

由于大萧条的影响，伊里巴也变成了一个超级爱国者，他在杂志上刊发激进的科莱特、让·季洛杜等人的时评，声称经济萧条始终没有好转与政府的不作为有很大关系，他自己撰写的文章具有狭隘的民族主义情绪，几乎每一行都出现“法兰西”的字眼。

《目击者》在按期发行，但大萧条却始终没有减弱的迹象，香奈儿开始有些焦虑。她已经面临了太多的压力，她的竞争对手伊尔莎已经夺走了她太多的客户，而与时尚杂志

《VOGUE》的关系也降到了冰点，她被《VOGUE》封杀了。甚至是时局也让她很不放心，示威、暴乱、游行接连不断，她觉得自己再也难以安定下来。

1935 年的夏天，精疲力尽的香奈儿决定给自己放一个假，或者说暂时远离纷争和所有的不确定，于是她离开巴黎，到法国南部的罗克布兰度假。在那里，她的拉堡萨别墅依然傲然挺立，在蓝色的海水衬托下愈发显得唯美壮观。

伊里巴并没有陪着香奈儿到罗克布兰，他还要在巴黎处理杂志上的事物。不过香奈儿在罗克布兰并不孤单，她的许多好朋友都住在附近，她会经常在别墅中举办晚宴，尽管每次邀请的客人从来不会超过 12 人。

意大利导演卢奇诺 · 维斯康蒂是香奈儿的常客，他时常到拉堡萨拜访，后来他曾直言不讳地说香奈儿的花园非常特别，而香奈儿在花园中种植薰衣草和橄榄树等并不名贵的植物让他觉得很意外，因为当时的上层名流大多种植昂贵的百合或者玫瑰之类的花朵。可见，香奈儿对一切事物都具有自己的审美和看法，并自信地不顾世俗的眼光，随心意喜欢就好。

随着时间的流逝，香奈儿还是觉得一个人过于冷清了，她给伊里巴打电话，问他什么时候到罗克布兰，并让伊里巴为她做出一些决定。伊里巴放不下巴黎的事物，但他是爱着香奈儿的，很快他给香奈儿回话，说他马上就要来了，他会乘夜里火车的卧铺，这样第二天早晨到达，正好可以和香奈儿一起打网球。

香奈儿高兴极了，她将这件事告诉好朋友保罗·莫朗，热情的莫朗也邀请他们在打网球结束后，一起去他的新船上观赏风景。第二天早晨，伊里巴如约而至，等香奈儿到达网球场时，他已经在热身了，不过动作有些激烈。香奈儿走到拦网前告诉伊里巴，不要将球击得那么狠，这时伊里巴抬起头，从太阳镜后面看向香奈儿，然而这却成为他们的最后一面。伊里巴突然踉跄地摇晃了一下，倒在地上，失去了意识。香奈儿大惊失色，却怎么也唤不醒这个沉睡的人。伊里巴很快被送往附近的医院，但他再也没有醒来，终年52岁。

谁曾想到，原本是高兴的欢聚，却出现了这样的意外，成为香奈儿人生中的又一次生死离别。虽然伊里巴一直都有严重的心血管病，但是香奈儿还是有些自责，甚至后悔让伊里巴到罗克布兰了。

伊里巴去世后的几个月对香奈儿来说是艰难的，她很少开口说话，即使是闺蜜米西亚专门到罗克布兰来陪伴她，她还是沉浸在悲伤中难以自拔。甚至是她最在意的事业，也交给了下属打理。这是她从1911年在巴勒松军官的公寓里卖帽子以来，第一次把自己的事业直接交给了部下，她在电话中告诉负责人，让她们准备即将到来的时装展，她还要在罗克布兰待上一段时间。

这一年，香奈儿在罗克布兰度过了整个夏天，那儿的风景依然很美，香奈儿的心却始终像被冰封一般，她觉得幸福离她还是有些遥远。

第六章

那一段沉默岁月

香奈儿创造了一个传奇的商业帝国，在30多岁时，她就已经成为全法国最为富有的女人。然而，无论是谁，在经营一个庞大的事业时都会遇到这样或那样的难题，香奈儿也不例外。罢工、不利的时局、竞争对手、官司、舆论等等，这些都曾经让香奈儿焦头烂额。最后，她选择了沉默。

难以阻挡的罢工

优雅是懂得拒绝。

——可可·香奈儿

香奈儿是一个聪明的人，懂得如何设计令人满意的衣服，也懂得如何利用自己的时装产品赚钱。但是，她的人生并不总是一帆风顺的，在前行的道路上难免会遇到波折，特别是受到大的政治和经济环境影响时，更是增加了解决问题的难度。她年过半百时，便遭遇了一件令她焦虑、不安和影响深远的事情。

1936 年，法国经历了大范围的工人罢工运动。工人们参照美国“静坐”的罢工形式，占领工作场所，赶走管理人员。最初，罢工从飞机厂开始，后来逐步蔓延到汽车厂、电子厂，并进一步扩展到服装厂和纺织厂。

这个时候，香奈儿正面临着竞争对手的挑战，比她年轻的设计师伊尔莎无论是在客户群体上，还是在媒体资源上，都在与她进行着激烈的争夺。而此时也是秋季服装展到来前的关键时刻，香奈儿还在思索着设计什么样的服装款式才能打败对手，结果她却听到了令人震惊的消息，工人罢工的行动吞没了她的纺织厂！

香奈儿心中是震惊的，她想不通自己为这些女工们提供了工作机会，为什么她们反而要这样对待自己。更何况，她对女工们已经比其他设计师好很多了。香奈儿愤怒着，却也无可奈何，心中只希望女工们能够早点结束这场在她看来是疯狂的行动。

然而，形势却并没有朝她希望的方向发展，反而越来越严重。在 6 月 6 日这一天上午，当香奈儿从丽思酒店位于康朋街的后门出来时，她看见自己的时装店前面站着十几个女工，她们面带微笑向街道对面的摄影师和记者招手，神情饱满而昂扬。而在员工入口处，还站着50多个女裁缝，她们都是她纺织厂里的女工。

香奈儿站在原地观察了一下，知道自己想进入时装店的工作室是不可能的事情，便又转身回到丽思酒店内。但工人们没有等到香奈儿出现，便主动找上门来，不过她们没有走香奈儿经常出入的丽思酒店后门，而是来到了位于凡登广场的前门。不理会穿着工作服的门童，她们直接走入酒店之内，指明要求见香奈儿，要进行一番洽谈。

此时香奈儿正在酒店内发脾气，她想不通一切怎么突然间就失去了秩序。她紧急找来了律师勒内·德·尚布伦，让他尽快想出一个解决办法。面对暴走的香奈儿，这个跟随她多年的经验丰富的律师，只能劝她保持镇定，事情并不是没有转机，但若一味沉浸在愤怒之中，只会失去了先机。更何况刚刚就职的总理已经在安排业主与劳工代表见面的事情。

事实上，香奈儿的纺织公司在当时是管理比较完善的一个集团，她培养了一些精英领袖，将材料的选购和生产，以及服装的销售问题，全部交给一些资历比较深的主管负责，自己则一门心思地投入到服装的设计之中，以及想着如何拓宽自己的产品门类。

尚布伦将工人的想法转达给香奈儿，告诉她工人要求涨薪资，并有带薪休假的机会。香奈儿愤怒了，这些女工竟然坐在她的衣服上来提出涨薪的要求，她提供的工资报酬难道是比同行业低吗？固执的她当即就拒绝了这一要求，更别说带薪休假了，那简直是天方夜谭！

为了缓解局势，香奈儿平静下来之后采纳了尚布伦的意见，她让人转告工人代表，自己是不会在酒店内会见她们的，如果有必要，她会就相关事情在工作室内进行协商。

然而工人们却并不满意这样模糊不清的答复，她们继续围绕在丽思酒店和康朋街的时装店前面。甚至是在香奈儿试图进入时装店时也进行阻拦，那一日上午，香奈儿第二次从属于自己的时装店前面撤退了。

这个时候，她的私人会计师雷纳夫人也来找香奈儿了。占领了时装店的工人们认为雷纳夫人属于管理层，命令她立即离开。虽然这对雷纳夫人来说并不是一件高兴的事情，但她却为香奈儿带来了一个好消息，她告诉香奈儿，工人们并没有糟蹋她的服装，也没有站在她的服装上罢工。不过，她同时也担心事情不会就这样结束。

无论是香奈儿，还是尚布伦，都没有什么办法可以阻止这场行动。对香奈儿来说，满足工人们提出的要求就意味着自己曾经付出的报酬并不合理，但她心中却不是这样认为，因此谈判难以继续。他们唯一能做的就是等待。

到黄昏时分，尚布伦派人到时装店去查看了一下，参加罢工的女裁缝大部分都回家了，但时装店还是被工人掌控，正如门上的告示所说的那样，时装店被“占领”了。

香奈儿对此无可奈何，她只能等待整体的时局转向缓和。第二天下午，在政府的主持下，业主和劳工代表之间的谈判正式开始。这也是法国历史上的首次劳资会议，讨论一直延续到深夜，双方进行了激烈的争论。而直到周一的凌晨，最终的结果才出来，双方达成了协议，这就是以当时的总理府名称命名的《马提翁协议》。

这个协议在一定程度上满足了工人的要求，协议规定：工人们从工作场所疏散，结束罢工，同时雇主不得对工人的行为实行报复；工人的工资增加 7% ~15%；工人享有集体谈判和成立工会的权利；实行 40 小时工作周以及每年 2 周带薪假期。

然而，协议虽然达成了，执行的效果却并不明显。雇主强调，协议并不是自愿达成的，是迫不得已才签订的，而工会领袖很难控制情绪激动的工人。于是，在协议达成的一周之后，罢工又被推向了另一个高潮。

许多雇主纷纷采取让步的姿态，不过香奈儿对《马提翁协议》的回应则是，直接解雇了要求她执行协议的员工。但工人们拒绝离开工作场所，双方一触即发的状态在升级。香奈儿有些精疲力尽，她觉得女工们的行为深深伤害了她，服装公司是她一手创建起来的，但是她这个主人却被工人们赶了出去。这样的结果令她难以接受，也深深打击了她。

当然，香奈儿此时焦虑的不仅是罢工的事情，还有来自她的竞争对手伊尔莎的压力。这个总是充满怪异想法的设计师，名下的工人比她要少很多，解决工人的纷争就容易多了。当香奈儿面临工人的指责时，她正和画家达利全身心地为秋季时装展做准备。

尽管香奈儿不想去关注，但是伊尔莎的名字就是充斥在她的脑海之中。她听说伊尔莎要设计的晚装是以考克托的绘画为基本图案，同时她还推出了与自己有关的文字和图案作为帽子、围巾的素材。

香奈儿决定无论如何都不能放弃，她不能既在服装面临竞争的同时，又让自己的公司受到来自工人们的压力。和身边的顾问商量之后，香奈儿觉得不管怎样都要在7月底之前结束这场可怕的罢工运动，否则她的时装公司难以投入正常的生产之中，更别说她全身心设计出满意的、令人惊艳的服装。

最终，香奈儿做出让步了，她和工人们谈判，决定公司采取工人合作的方式，但控制权必须掌握在她的手中。这个决定不仅让香奈儿的朋友们震惊不已，就是得到通知的工人也都大为讶异，她们想不明白，之前还如此坚持的香奈儿，为什么在此刻要做出这样的让步。

有人说香奈儿是害怕了，媒体和杂志把对服装的关注留给了她的竞争对手伊尔莎，却大量报道她的时装公司面临的困境，以及她不能进入自己公司内的尴尬之事。

对此，香奈儿的内心非常难过，不过她却装作若无其事，表现得似乎比最初时刻淡定了许多，她选择以优雅的姿态来面对议论她、甚至是诋毁她的人们。但没有人知道她的内心有多煎熬，她迷茫、疲倦、困惑，每天留在时装公司的时间都少得可怜。

这便是香奈儿当时遇到的真实情况，她已经50多岁了，在经历辉煌之后，竟然要面对这些难以掌控的局面，这令她很不甘心。而即使在多年之后，当香奈儿谈论这件事情，依然耿耿于怀，始终不认同女工们的罢工行为，依然认为这是一件疯狂的事情。

“人们好像中了瘟疫，像西班牙流感……这完全是一场没有意义的闹剧，我的工人在我的服装上静坐罢工，真体面，你说是吗？我说，这些女孩真是笨蛋！”

她的语气依然激动，从这段话中也不难看出，直到晚年，香奈儿还是没有原谅1936年罢工的那些女工们。其实这也不难理解，当时她的事业正面临瓶颈，她的工人们却在这个时候给她制造难题，其中的忧伤自是不言而喻。

大罢工的第二年，即1937年，形势依然没有好转，香奈儿整个夏天几乎都在罗克布兰度过。当秋天到来的时候，她发布了新的时装展，其中以带金丝的晚礼服和褶皱短夹克最为耀眼，但《VOGUE》杂志的英国版却评论说：“性吸引是巴黎时装展的首要动机。”或许《VOGUE》杂志并不是针对香奈儿，但是香奈儿本人对此却非常气愤，她认为媒体误解了她的意思，她在公众场合反复强调时装不是夸张，而是技术、手艺和商业。

此时局势依然动荡不安，代表人民阵线的布鲁姆政府经历了解散，再重组。香奈儿也在时装的阵线上坚守着，不过她在为 1939 年准备的时装延续了 1937 年的风格，即适应当时动荡的社会需求，讲求实用，以短夹克和带兜的裙子为主流。尽管设计简单，但款式和用色让人耳目一新，红一白一蓝的色彩搭配，代表着希望、美好和简单。

香奈儿是渴望安定的，但时局却越来越让她感到不放心。她不知道自己在巴黎这样坚持下去的结果是什么，也不知道在战争的氛围越来越强烈时，前方的路是否还能走下去。第一次，香奈儿对自己的未来产生了如此不确定的担忧情绪，她在康朋街上走着，心却早已飞向了远方，似乎猜测到一切都将会出现不一样的变动。

关闭时装公司

不要浪费时间敲一堵墙，你无法将其变为一扇门。

——可可·香奈儿

1939 年 9 月 1 日，德国出动 57 个师约 150 万人，在大批飞机、坦克的配合下，对波兰发动了突然袭击。尽管波兰军队奋力抵抗，依然节节败退，大片土地很快沦陷。9 月 3 日，法国和英国对德国宣战，第二次世界大战全面爆发。

这个时候，香奈儿正在丽思酒店的套房内为冬季的时装展认真构思和准备，听到消息后，她解雇了所有工人，没有任何预兆地关闭了时装公司，只留有香水公司依然开业。

对于香奈儿的举动，很多人都非常纳闷，这个在第一次世界大战中发迹的女人，这个拥有了庞大时装帝国的成功设计师，为何突然放弃了所有？

还留在时装店和纺织厂的工人，反应最为激烈，她们不愿意在战争期间失去工作，于是便向劳工部门提出抗议。但在紧张的战争局势下，政府有更为重要的事情需要忙碌，显然无暇顾及这些细枝末节。不过随着前方战势的僵持状态，士兵们需要士气鼓舞，政府又改变主意了，他们同香奈儿谈判，让香奈儿继续开店，就像在经历第一次世界大战时一样，开展一些慈善晚会和时装展示。

香奈儿却不这样认为，她不觉得在战争时期有什么条件发布时装展，至于说为士兵服务，难道他们会需要高级时装吗？更何况她现在心力交瘁，对继续开展时装事业也缺乏信心。事情的结果没有出现转机，在巴黎甚至整个欧洲叱咤风云多年的香奈儿时装公司关闭了。

人们议论纷纷，有人诋毁香奈儿是打着战争的借口，对曾经参加罢工的女工们进行报复，因为她们全都参加了1936年的罢工。也有人说香奈儿是害怕了，来自伊尔莎的竞争让她觉得胆怯，让她相形见绌。

尽管谣言流传不息，但仔细分析一下便可知道并不是如此。竞争对手什么时候都会出现，甚至在她还一无所有时就敢于挑战早已声名卓著的保罗·波烈，如今面对一个后起之秀，她又有什么害怕的呢？再说如果她胆小怕事，不敢竞争，又怎会有如今的成就？

至于说报复女工，更是无稽之谈。或许香奈儿曾经非常气愤女工的行为，心里也没有原谅她们，但她却不是一个会在事后进行报复的人。更何况以她的身份和智慧，也不屑于实施这样低端的反击行为，如果想要惩罚女工曾经的罢工行动，她又何必赔上自己的事业，赔上自己一手建立的时装帝国？

尽管猜测不断，却没有人知道香奈儿到底是怎么想的。不过从她留下的一些蛛丝马迹中可以窥探一二。香奈儿曾经解释道：“现在不是时尚的时候。”那个时候，她店里许多员工的亲属都拿着武器到战场上去了，大家无心工作，都在担心亲人是否还能够回来。如果按照这种状态，又怎么能够保证时装的质量？

或许香奈儿有些夸大其词了，但无论是担忧女工无法安心工作也好，还是担心时装的行情也罢，她固执地关闭了时装公司，此后一直幽居在丽思酒店内，深居简出。为了让丽思酒店住起来更为舒适，她让工作人员对整体格局进行了改造。

香奈儿的避世生活并没有持续多久，1940 年 4 月，德军开始攻打法国北部的空军基地，到 6 月份更是大规模轰炸巴黎近郊，人们开始纷纷逃散。此时的香奈儿也不得不离开巴黎了，她将在丽思酒店内的所有物品打包，然后贴上自己的名字。她预付了 2 个月的房租，同时告诉酒店里的工作人员，自己要离开一段时间。

匆忙之中，她幸运地雇到一名司机，但是司机却拒绝开她的劳斯莱斯轿车。无奈之下，香奈儿只能乘坐司机的汽车向南行去，这一路上，到处都是逃难的人群。无数的房屋、村庄被破坏了，而豪华轿车和公共汽车也都散落在各个地方，此时已没有人去关注这些财物是否有主人，大家都在迫切地南逃。

香奈儿前往兰贝耶，她曾经在那儿为外甥安德烈购买了一处房子。不管时局如何紧张，香奈儿却不愿意扮演难民的角色，在每个人都想回家的时刻，她却突然淡定下来。在这里，她见到了玛丽·露易丝·布斯凯。她们曾经在化装舞会上有过接触，虽然交情并不深，但是在战争的特殊时期，又在异乡相逢，这对两个人来说分外亲近。玛丽告诉香奈儿，温莎公爵夫妇也离开了巴黎，他们逃到了西班牙，但政府却不知道拿他们怎么办。

对这些八卦，香奈儿此时已无心关注了，她更想知道的是战争什么时候会结束。在兰贝耶度过了一段时间，她与玛丽讨论之后，两人都决定回巴黎试一试。此时的香奈儿有钱、有汽车和司机，而玛丽则通过在这儿的关系弄到了60加仑的汽油。她们将汽油装在一个扁平的盒子里，然后剩下的则装满所有能够找到的容器。这样的结果是，汽车里充满了汽油味。

再没有犹豫，香奈儿和玛丽启程了。但是，在到达维希时，她们便只剩下最后一升汽油。迫于无奈，她们只能停顿下来。其实香奈儿对维希并不陌生，在几十年前，当她还是一个居无定所的孤儿，曾经想要留在维希的歌厅。好在当时她没有成功，否则，历史将多了一个富有个性的歌女，而少了一个极富创造力的时装设计师，更没有了享誉世界的香奈儿品牌。

维希此时和从前大不一样，它作为南部法国的首都，没有被希特勒占领。这里聚集了一些高官，也有一些临时政府分散在不同的酒店里，一切似乎还是歌舞升平的状态。但香奈儿对此却是不满的，后来她回忆当时的场景：“所有人都在欢声笑语，喝着香槟，女士带着硕大的帽子。我说，‘真有意思，这是旺季哟’，然后一个男人转过来问我是什么意思，我告诉他‘我的意思是这里的人好快活’。”

无疑，香奈儿的话里是充满讽刺意味的，在她渴望战争结束的时候，一些上层社会的高官却还沉浸在自己的世界中。这令她非常失望。然而，尽管不愿意，香奈儿和玛丽只能在维希停留下来。那一天晚上，玛丽在洗衣房的折叠椅中度过了一晚，而一个值勤的宪兵愿意把床位让给香奈儿。

第二天，香奈儿从一位政府官员那里买到了一个汽油配额，她和玛丽又弄到了其他一些食物和必需品，当一切整理完毕，她们便立即启程向巴黎进发。对她们来说，尽管维希此时是安全的，寂静的，没有战争纷扰的，但是她们却更愿意回到熟悉的巴黎。

汽车又途径穆兰，这里也是香奈儿熟悉的地方，她曾经在这里的修女院学校待过，更是从裁缝店开始了自己新的人生。想到往事，香奈儿有些触景生情，她让司机将车开到一个户外的市场，想要寻找祖父母曾经在这儿经商的痕迹，但是却什么也没有了，一片萧条和凄凉是那样显眼，触目惊心。

香奈儿有些失望和难过，不过却依然想在穆兰多待一些时间。车继续从一个小山村向前行驶着，在经过一片森林时，她们来到了有温泉的酒店。酒店老板见到她们时，表情有些忧郁，这儿的房间全部被订下了，但是客人们没有一个前来的。战争给人们的生活带来了巨大的影响，更影响了酒店的生意。

在这间空置的酒店里，香奈儿和玛丽暂时安定下来，不去想处在战争中的巴黎，也不去想被关闭的时装公司。她们决定好好放松一下，这么多天的时间以来，她们日夜兼程，已经很久没有好好休息了。

当玛丽和司机泡澡时，香奈儿也突然来了兴致，她信步走出去，想要散散心。她来到一堵墙边，看见墙上坐着一个男孩，摇晃着双腿，几乎快从墙上摔下来了。香奈儿没有多想，她快步走了过去，但男孩还是摔了下来，当即就大声哭了起来。香奈儿想要做些什么的时候，一个怀孕的妇女带着另一个更小的孩子过来了，她大声说自己是孩子的母亲。

小男孩看见母亲后，哭得更加伤心了，他一动不动，似是非常疼痛的样子。香奈儿告诉妇人，在得到医生的检查之前，最好不要移动小男孩，以免造成更大的伤害。小男孩的母亲也哭了起来，似是非常焦急。香奈儿觉得她们可怜，从手提包中拿出100法郎交给妇人。结果，小男孩看到，立即停止了哭声，并从地上站起来。这时，那个妇人则开心地说道：“我们的晚饭有着落了。”

香奈儿不知道自己该做出什么样的反应，但她无疑是伤心的，这是战争带给她的最直接的感触。其实，香奈儿本人并不热心于慈善事业，虽然她一生中曾花费大量金钱资助了许多富有才华的艺术家，但是她对普通人的资助几乎为零。

到8月底，香奈儿和玛丽、司机一行三人终于到达巴黎，街道上杳无人烟。香奈儿来到丽思酒店，看到上面已经插上了德国的军旗。显而易见，这个酒店被德军占领了。香奈儿站在大堂入口处，立即引起了经理的注意，她告诉经理，自己要入住酒店。

接下来的故事产生了3个版本：第一个说法是经理告诉香奈儿，她之前居住的套房已经被征订了，但是酒店可以为她提供另外一间可以落脚的小房间；第二个版本说，香奈儿走到楼上洗了一个澡，然后穿上漂亮的衣服去拜见司令部，要求留在酒店，结果司令部答应了；还有一个版本说，德国军官看到香奈儿之前物品上贴着的标签，知道香奈儿就是本人后，他们说如果是拥有时装公司和香水公司的香奈儿小姐，那便可以住进来。

总之，不管是哪个版本，香奈儿就是留在了丽思酒店。安顿下来之后，香奈儿立即给她曾经的好朋友米西亚打了电话，告诉她自己的境况。结果米西亚听后勃然大怒，指责香奈儿不该留在已经被德国占领的酒店内。但香奈儿却淡然解释道，反正巴黎的酒店早晚都会被德国占领，那么她留在哪里又有什么不同呢？

可以说香奈儿是不顾世俗评价的，从她早年依靠情人的资助开店，到她推出与众不同的宽松服饰，以及入住被德国占领的酒店，这一切都可以看出她的性格。只要是自己期望的，是自己想要达到的目的，那么过程和性质都是可以暂时忽略的。

这个时候，她虽然关闭了时装公司，却依然放不下自己在康朋街的店铺。她打点好一切，便立即走到了康朋街31号，这儿还在销售香水。店面里充满了前来购买香水的德国军官。甚至在存货被销售一空时，他们也要将货架上摆放的带有双C标志的瓶子买下来。香奈儿猜测，或许他们是要将这些香水带回去送给亲爱的姑娘，或许是要等到回到德国之后，能够炫耀他们曾经到过巴黎。

然而，尽管战争期间的市场前景不错，香奈儿却依旧不想恢复她的时装公司。事实上，法国的时装行业在这个时候遇到了低迷期，不仅是香奈儿停止供应时装，就是其他的知名设计师也都纷纷逃离了巴黎。之前和香奈儿进行激烈竞争的伊尔莎逃到了美国，而另一位在时装行业卓有成就的设计师莫利纳则逃往伦敦。

莫利纳是第一位成为巴黎时装设计师的爱尔兰人，其以规范而又奢华的服装设计著称于世，更是在事业上升期模仿香奈儿推出了莫利纳 2 号、5 号和 14 号香水。可以说，如果伊尔莎在时装行业曾经抢占了香奈儿的客户和媒体资源，那么莫利纳则是在各个领域和香奈儿进行了竞争，尽管他没有引起香奈儿过多的关注和焦虑。

不过，设计师的逃亡也没有完全断绝巴黎的时装行业，尽管巴黎已经被德军占领，仍有二十几家时装公司在准备这一年的秋冬时装展。似乎是战争团结了以往明争暗战的设计师和公司，他们在这个时候尤为团结。巴黎的时装协会主席，尽己所能地帮助设计师谋求利益，并拒绝让占领者将巴黎的时装工厂打包迁到德国的柏林和其他一切城市。而一些上层社会的贵族，也提供了大量金钱，帮助设计师们完成了在战争笼罩下的时装展。

香奈儿有没有去观看时装展，没有确切的证据可以知道。不过她的状态已经趋于淡定，一心等待着战争早日结束。为了消磨时间，她经常去拜访米西亚夫妇，一起闲聊，或是安静地弹钢琴。她也和法国先锋派作家、艺术家考克托交往密切。

考克托的创作天赋一直没有停息，1943 年他试图在歌剧院重演《安提戈涅》，并邀请香奈儿为演员设计服装。香奈儿欣然答应了，甚至花了整个晚上为主演设计了一顶帽子。对她来说，这是一件值得兴奋的事情，为她无所事事的生活增添了一抹亮光。

战争的局势依然不够明晰，尽管美国也成为反法西斯同盟国的一员，但是巴黎似乎不会很快结束被占领的状态。在局势混乱的情况下，香奈儿以为只要自己耐心等待，便会回到往昔安定的生活状态，但是令她没有想到的是，她会直接被牵扯进战争之中。

“女装帽”行动

我的一生中下过许多命令，但还没有接受过命令。

——可可·香奈儿

在第二次世界大战中，许多男人都走上了战场，香奈儿的外甥安德烈也不例外。然而，安德烈却在前线被德军俘虏了。香奈儿想尽一切办法，想要营救出这个她最看重的亲人，不过她已经关闭了时装公司，处于破产的时期，没有巨额的财富打点好可以利用的关系，更何况在战争期间，许多人都自顾不暇，又哪里有时间去管别人的闲事呢？

甚至到 1940 年 9 月份，德军开始释放在战争中拘留的 30 万战俘，香奈儿却依然没有见到安德烈的身影。她寝食难安，再次把身边的人想了一遍，决定去找一个可能会帮上忙的德国人，即汉斯·冈瑟·冯·丁克拉吉。

汉斯身材高挑，身上散发出浓浓的贵族气质，并且会说一口流利而地道的法语，在他和香奈儿共进晚餐的时候，他告诉香奈儿，他之所以会说法语，是因为他是德国大使馆的副官，自从 1928 年就一直作为外交官居住在巴黎。

香奈儿心里有些窃喜，她坦率地说出了自己此行的目的，请求汉斯帮忙把自己的外甥安德烈救出来。但是汉斯却表示，他没有权利从监狱中将安德烈释放出来，不过他可以找莫姆上尉帮忙。就这样，在汉斯的安排下，香奈儿见到了莫姆上尉。这个在战争中负责为德军征集物资的骑兵上尉，家族世代经营纺织业，他的职责也是动员整个法国纺织行业，将其资源吸收到德国的战时经济中。当他听到香奈儿的诉求后，当即就想出了一个办法。他试图让上司相信香奈儿是一家纺织厂的老板，然后信誓旦旦地保证香奈儿的外甥安德烈是经营这家工厂的最佳人选，于是安德烈就被送回法国了。

这样的结果令香奈儿非常高兴，因为在她心里，安德烈有着举足轻重的地位，是像儿子一样存在的人物。她很感激汉斯和莫姆上尉的帮忙，并在这个过程中和汉斯产生了感情，尽管她当时已经57岁，是比汉斯年长13岁的老人了。

汉斯是一个讨人喜欢的男子，香奈儿很快就和他坠入爱河之中，在战火纷乱的年代，她每天与汉斯在丽思酒店的套房里过着快乐的生活，闲暇时则拜访友人。但当时香奈儿身边的朋友听说汉斯是一个德国外交官后，都劝说香奈儿与汉斯保持距离，不过香奈儿却被汉斯迷住了，她回答说："他不是德国人，她母亲是英国人。"

或许陷入爱情中的女人智商都是为零，香奈儿很快便被汉斯利用了。这个披着外交官外衣的俊美男子，实际上是纳粹的间谍，长期为德军刺探情报，他在听说香奈儿与英国首相丘吉尔的关系非比寻常后，便试图劝说香奈儿担任英德和解的桥梁。

汉斯有这样的想法，主要是受到战局的影响，当时德军在俄国打击下遇到了开战以来的惨败，而美国总统罗斯福和英国首相丘吉尔也发表联合声明，要求德国无条件投降。面对这种情况，德国高层中便萌生了和谈的想法，而有着一定知名度的香奈儿便被他们选中了。令人惊讶的是，已经被爱情冲昏头脑的香奈儿答应了汉斯的请求，同意和他一起到柏林去见德国的情报部门的头领罗尔夫·舍伦伯格，于是一项名为“女装帽”的秘密行动出炉。

根据行动中的指示，香奈儿的任务是约见丘吉尔，表达德国想要签订停战协议的意向。香奈儿接下了这个任务，但在当时特殊的环境下，她觉得通过一己之力根本不可能顺利见到丘吉尔，尽管她和这个首相的私交非常好。于是，香奈儿向德国方面提出自己需要一个助手，即她曾经的朋友和工作伙伴薇拉·贝特。

不得不说，香奈儿是一个非常聪明的人，因为此时的薇拉虽然嫁给了意大利人，但是由于她是温莎公爵家族的成员，和丘吉尔的交情还是一如既往的亲密，甚至比自己还要更近。通过薇拉，香奈儿觉得自己可以很快见到已经成为英国作战总指挥的丘吉尔。

此时的薇拉因为间谍罪被关在集中营中，由于香奈儿的提议，她很快被释放出来。但令香奈儿没有料到的是，薇拉内心里并不愿意和她一起同行，她见到送信人员后便直接拒绝了这个提议。后来，薇拉与香奈儿见面了，她同意陪同香奈儿到英国大使馆，不过薇拉的心里却另有打算，她决定利用这个机会逃走。

1943 年 12 月，香奈儿和薇拉乘车前往西班牙首都马德里，在那里香奈儿约见了英国大使馆的熟人，让其代为向丘吉尔转交一封信，信中表示自己希望和丘吉尔会面。但在走廊的另一边，薇拉却在向情报人员报告说她在罗马被逮捕了，而香奈儿则是德国的间谍。或许是丘吉尔听到了薇拉的告密，谨慎的他以身体抱恙为由回绝了香奈儿的约见，这也使德国与英国签订秘密和约的企图没有得逞。

“女装帽”的行动失败了，但香奈儿为什么要接下这个任务却成为了一个历史疑案，很多专业人士都曾经猜测过其中的缘由，甚至有人断定她是一个间谍，但是依然有许多朋友相信，香奈儿只是一个被利用的角色，是在爱情和友情中缺乏了判断力的可怜女人。对此，香奈儿本人的回应则是，她并不知道汉斯是一个间谍，而她去见丘吉尔，也只是希望战争早日结束。真相到底是什么，没有人知道，或许事情真像她说的那样简单呢。

至于在重要关头出卖香奈儿的薇拉，当时就留在了西班牙，并在一个意大利外交官那里找到了庇护。在 12 月快要结束的时候，她收到了香奈儿的信件。毫无意外，得知真相的香奈儿在信中表示了对薇拉的愤怒："即使地域有边界，一切信息的传播还是很迅速。我知道了你的背叛！但除了深深地伤害我之外，从中你什么也没有得到。"

香奈儿对这个朋友虽然愤怒，她还是考虑到了薇拉的现状和安危，她在信中真诚地表达了对薇拉的关心："我没有说什么能给你带来麻烦的事，如果你想回罗马，在到达巴黎后的 48 小时之内，你就会和你真正的朋友团聚……我全心希望你重新找到幸福。"

此后，香奈儿和薇拉没有再见过面。薇拉曾经是她的朋友和配合默契的工作伙伴，正是在薇拉的介绍下，香奈儿与曾经的恋人威斯敏斯特公爵相识并相恋多年，但她们的友情终于走到了尽头。

1944 年，巴黎从德国的铁蹄下解放，香奈儿的噩运到了。她因为薇拉·贝特的揭发，在 9 月的一个凌晨于丽思酒店内被法国警方逮捕。香奈儿的表现很淡定，她在问清楚来人的身份后，便一言不发地拿起手套和手袋，从容地跟随对方离开。审讯持续了长达 3 个小时，主审人员拿出了一张汉斯的照片，询问香奈儿是否认得，香奈儿没有否认。而在被询问是否知道汉斯的间谍身份时，香奈儿的回答则是：“到了我这个年纪的女人，如果还有英俊的男子愿意献殷勤，我是不会想到要查看他的护照的。”

至于3 个小时里还问了其他什么问题，香奈儿后来谈起这件事的时候始终讳莫如深。不过她很快就被释放出来，这在当时看来有些奇怪，因为尽管在混乱的环境下，朋友之间由于各种目的相互揭发对方的现象已经很普遍，但是香奈儿与纳粹军官相恋的事情却是人尽皆知，她能够在这样的不利条件下脱身，自然是让人觉得匪夷所思。

有传言称香奈儿之所以能够免于受到监禁的处罚，是因为她的朋友丘吉尔干涉了这件事。不过，这种说法没有得到明确的证实。

从另一方面来说，香奈儿本身也具备应变危机的能力。当她听说薇拉揭发了她，她没有焦躁不安和陷入无端的恐惧中，而是立即采取了应对措施，那便是在位于康朋街31 号的店铺外面贴上了一个告示：美国大兵可免费领取香水。于是，这些离家多年的士兵为了能够在回去时给女友和母亲、姐妹带上一瓶她们梦寐以求的Chanel NO. 5 香水，纷纷在店铺外面排起了长队。而这个时候，如果有人将香奈儿关起来，他们绝对是不愿意的。

聪明的香奈儿，就是这样轻松地为自己争取到了宝贵的时间，之后她利用已有的关系网，向一些权威人士寻求帮助，而最后不管是不是丘吉尔提供了强有力的后盾，她都使自己和香奈儿时装公司免于被扣上通敌卖国的帽子。

与合伙人的暗战

我没有时间做一成不变的单调事。工作需要时间，爱情需要时间，就没有时间做其他的。

——可可·香奈儿

尽管从二战的纷争和控告中成功脱身，香奈儿还是处在焦头烂额之中，她与威泰默家族之间的矛盾越来越激烈。曾经因为在香水上的合作，双方都获得了巨大的财富，但是因为财富分配不均和争夺香水所有权的问题，他们经常争得面红耳赤。

其实，香奈儿与威泰默的争斗由来已久。在最初的时候，当香奈儿香水公司成立时，香奈儿本人在公司中占了10%的份额，并担任香水公司的总裁。显而易见，在威泰默家族控制 70% 的股份之下，香奈儿拥有的份额是相当微小的。因此后来有许多人都在猜测，香奈儿是只想为她的香水事业投资 10% 的资本金？还是说她只满足于获得 10% 的利润？

香奈儿的律师尚布伦对此作了回答，他说香奈儿之所以在香水公司中只持有 10% 的份额，是因为她想以在香水方面的牺牲来保证她在时装公司上拥有绝对的控制权，她不愿意让威泰默家族的手再伸向她一手创建的时装公司和珠宝事业。

尚布伦是长期跟随香奈儿的律师，也因为香奈儿而时常被人提起，不过在与香奈儿合作之前，他本身就是一个地位显赫的伯爵，并拥有非常庞大的家族背景：父亲曾是一位外交家，后来成为纽约第一国民城市银行的法国总裁；舅舅是众议院院长，姨妈是西奥多·罗斯福总统的女儿；而他的妻子则是当时法国总理皮埃尔·赖伐尔的女儿乔西。

尚布伦攻读国际法，性格执拗坚韧，在从学校毕业之后，他的父亲为他在香榭丽大街的城市银行总部腾出了一个房间，并告诉他那里有桌子和电话，让他安定下来。显而易见，与尚布伦的身份地位相比，这个布置简单的办公室简直是简陋极了，不过尚布伦却没有介意，他遵从父亲的建议，在这儿开始了自己的事业，而香奈儿便是他的第一个客户。

那个时候香奈儿与威泰默家族之间的矛盾已经非常明显了，尽管他们之前也有争端，香奈儿会气急败坏地大骂皮埃尔是“那个黑我的土匪”，不过她也时常称他为“可爱的家伙”。至于皮埃尔，他对香奈儿的态度也是十分矛盾的，他说香奈儿是个“该死的女人”，不过又总会在争吵的时候率先低头，在第二天为香奈儿送来鲜花。然而，随着香水事业越做越大，他们之间的矛盾到了难以调和的地步。早在 1928 年，皮埃尔就在家族公司内安排了内务律师，专门用来处理与香奈儿之间的矛盾。

香奈儿也不甘示弱，她需要一个专业而有能力的律师来帮助她打赢与威泰默家族之间的官司。于是，她找到了尚布伦。当她第一次走进尚布伦的办公室时，她环顾四周，然后直接问尚布伦：“你认识皮埃尔·威泰默吗？”

尚布伦的回答非常简洁，甚至有些玩世不恭：“只听过名字，小姐。但我了解他那著名的赛马，我记得名字是叫‘菠菜’。”

“好。这个威泰默是个超级大骗子，你准备好听我的故事了吗？你准备长期战斗了吗？”

“小姐，我的事业才刚刚开始，我前面还有很长的路，也有足够的时间。”

就这样，在一问一答之间，香奈儿和尚布伦达成了合作。接下来，尚布伦开始全权接手香奈儿与威泰默家族之间的纷争和官司。但通过初步的整理，尚布伦就发现，香奈儿在1924年香水公司成立时就已经输在了起点上。他为香奈儿惋惜，这个时尚教主以10%的股份为代价，放弃了香水。而在公司重组之后，香奈儿已经不是香水公司的总裁了，她完全没有控制权，只能依靠合约收取属于自己的小部分利润。

在从超过一吨的文件中，尚布伦开始研究事情的始末。虽然他是从中途才接手这个官司，但是他之后却成为了香奈儿的得力助手。他能够流畅地背诵出香奈儿之前签署的“转让香奈儿香水股份有限公司”中的全部条款，也能够明确新公司以香奈儿名义销售产品的权利仅限在“通常在香水行业中销售的物品”。

无论香奈儿当时是怎么想的，但她对转让香水公司还是存在疑虑的，她虽然保有了时装公司的全面控制权，不过授权威泰默家族以她的名义销售产品，就足够让她恐惧了，所以，她在协议中特意补充了一条：“香奈儿香水公司只能销售高质量的产品，鉴于香奈儿小姐是奢侈品时装公司的主人，以她的名义销售劣质香水会引起她的严肃的反击。”

显而易见，香奈儿的考虑是周到的，但是威泰默家族是比香奈儿狡猾许多的商人，或许他们在最初的时候没有想要欺骗香奈儿，不过他们后来确实在协议的基础上做了许多有利于自己的事情。

香奈儿当然知道NO. 5卖的有多好，她甚至在纽约最好的商场里看到了这款香水，这个方形瓶子摆在那里，是那样引人注目。女人们对此很着迷，她们省吃俭用，也要买下一瓶属于自己的香奈儿5号，市场虽然很强势，香奈儿却不是最大的受益人。她从这款香水的专利中获得了巨额财富，不过威泰默家族获得的利润要比香奈儿的多了许多。

这对香奈儿来说无疑是痛苦的，她控制了一个庞大的时尚帝国，拥有康朋街、杜维埃、比亚里茨、戛纳和伦敦的时装精品店和珠宝店，却唯独不包括声名卓著的香奈儿5号。这是她和恩尼斯共同调配出来的香水，其中的努力自是不言而喻，然而当一切走上正轨，当香水成为人们争相购买的物品时，香奈儿却觉得自已与香水之间的关系被彻底割裂开来了。她与威泰默家族的两兄弟谈判着，却没有任何结果。

1934年，威泰默兄弟推出了以香奈儿命名的新产品，即香奈儿清洗乳液。在香奈儿看来，这款产品并不属于她与威泰默家族签订的协议范围，她决定抓住这个机会，维护自己的权益。在给威泰默兄弟的律师函上，香奈儿要求两兄弟停止使用她的名字销售清洗乳液。但是威泰默兄弟却辩解称，清洗乳液是属于香水行业的产品，他们并没有侵犯香奈儿的权益，没有销售以她冠名的服装和其他配饰品。

香奈儿彻底愤怒了，她让尚布伦直接向法院提起诉讼。但她怎么也没有想到，这场官司一打就是5年，直至第二次世界战争爆发，事情还是没有结果。而原本定于1940年的开庭时间，也因为巴黎被德军占领而不得不延缓。

不过战争的时局对香奈儿争取权益却是有利的，德国在巴黎设立了一个犹太人事务委员会，专门用于夺取由犹太人经营的公司然后转交给他们喜欢的人。香奈儿决定利用这个机会，向她痛恨了十多年的合伙人发出挑战，她要夺回属于自己的物品。

但是，香奈儿却找不到威泰默兄弟，他们早在战争爆发时就躲到了法国南部，然后通过葡萄牙去了美国。他们有一个表兄弟，是参加过两次世界大战的老兵，出于一腔爱国热情，他拒绝离开法国，因此他在威泰默兄弟的委托下成为了香奈儿香水公司的临时管理人。

聪慧的香奈儿明白，在这个时候，只要扶持一个人成为香水公司的掌权者，那么决策就会有利于她。其实早在多年之前，她就在律师的建议下在香水公司内部安插了一个自己人，以掌握最新的情报和公司动态，这个人就是销售总监乔治·马窦。虽然他已经在1934年离开公司，但是香奈儿却觉得他依然是最佳人选。她回到董事会，要求选举马窦为首席执行官，经过一番讨论，这次任命被董事会采纳了。

香奈儿以为她终于取得了胜利，然而，远在美国的威泰默兄弟却比她更快地采取了行动。他们找到了一个非犹太籍的飞机工业家菲利克斯·阿米欧，来充当他们的门面。同时，为了使一切都看起来合法和符合规矩，他们也将相关合同的签署日期提前了，并找到一个德国军官为他们证明。这些文件表明，阿米欧已经成为新公司的老板，而威泰默兄弟虽然不再直接掌控香奈儿香水公司，但他们拥有了阿米欧飞机工厂的50%股份。

可以说，威泰默兄弟的决策是天衣无缝而又无懈可击的，等到香奈儿发起攻势时，新的老板已经就位。阿米欧联合董事会的人，最终将马窦排挤出了香水公司。

香奈儿再一次失败了，但她没有放弃，她觉得只要自己活着一天，便不会放弃与威泰默兄弟斗争下去。然而，当香奈儿终于等来巴黎的解放，形势却变得对她非常不利。由于她与德国纳粹军官恋爱，人们都在议论她是德国的奸细。她的律师尚布伦建议她保持低调，先到国外待一段时间，香奈儿却有些倔强，她觉得自己没有什么需要逃避的。

这个时候，威泰默兄弟从美国回来了，他们委托给阿米欧的香水存货原封不动地保存着，而公司总部也如同以前一样打点得很好，阿米欧甚至将香水公司的股份全部退还回来。可以说，威泰默兄弟是最大的受益者，他们拿到了自己想要的，却没有付出多么高昂的代价，作为回报，他们只是向阿米欧保证，他在战争期间向德国出售飞机零部件的事情不会败露。

远不止如此，威泰默兄弟到美国避难期间，也没有闲着。他们成立了香奈儿有限公司，继续售卖已经很有名气的5号香水。尽管配制香水的原材料和以前并不相同，但他们依然以“香奈儿5号”的名义售卖，在他们看来，这又有什么区别呢？

情况正如他们料想的那样，在战争期间，女人们觉得能够买到这样的奢侈品已经很难得了，哪里又有闲情去检测香水的真假？更何况威泰默兄弟还借了100万美元用于宣传和推广香奈儿5号，这让香水的名气进一步大涨，成功征服了战时的市场。

这便是威泰默兄弟的生意头脑，尽管没有道德，却依然抓住了能够大发横财的机会。他们回到巴黎后，甚至给香奈儿的银行账户里打了1.5万美元，名义便是他们在美国销售香水的“特许使用费”。

香奈儿知道自己又被利用了，她告诉尚布伦，自己要继续报复威泰默兄弟，她想要从香水公司中撤出自己的股份和资产，同时收回5号香水的配方。但尚布伦却明确表示，这显然是不可能的，她已经将配方授权给了威泰默兄弟，现在能做的只是起诉，以获得更多的资产。

然而，尚布伦此时也难以直接出面提起诉讼了，因为他那担任了伪政府总理的岳父被以叛国罪处决，他的身份变得尴尬起来。当然，香奈儿的情况也好不到哪儿去，关于她的流言越来越凶狠，而在这个时候，她听说曾经死去的情人出现在瑞士，于是她决定先去瑞士。她虽然离开了，向威泰默兄弟发起的斗争却没有中断。

香奈儿开始以香奈儿5号的配方制作新的香水样品，她将这些样品送给了尚布伦的妻子乔西，以及她在好莱坞的朋友高德温和马科斯。他们对此都非常满意，因为这些样品很容易让人联想到香奈儿5号，事实上，香奈儿也刻意让人们作出这样的联想，她给香水起了一个名字，称“香奈儿小姐5号”，仅在

“香奈儿 5 号”的中间多了“小姐”两字。

后来，经过尚布伦的确认，尽管她和威泰默兄弟签订了协议，她却依然有权出售香水。于是，香奈儿直接在自己的精品店里销售香奈儿小姐 5 号。这种行为惹怒了威泰默兄弟，他们将香奈儿告上法庭，起诉香奈儿在销售假冒的香水，然后带着法庭的指令书直接来到香奈儿的店里，拿走了所有正在销售的香水。

香奈儿听到消息后非常气愤，她说在属于自己的店里，她被光明正大地抢劫了。咽不下这口气，香奈儿指示尚布伦，将威泰默兄弟告上法庭。其实，在香奈儿去瑞士之前，尚布伦就已经在准备这件事了，不过碍于身份的限制，他找到了另一名经验丰富的律师科里泰帮助自己。1947 年，他们在法国和美国同时起诉威泰默兄弟。

在法国的起诉书里，他们起诉威泰默兄弟控制的香奈儿香水公司制造低劣产品，要求停止这种生产，然后将产品的配方和所有权归还给香奈儿。而在美国的起诉书中，措辞更为激烈，他们起诉威泰默兄弟在美国建立的香奈儿有限公司滥用信托权利和制造假冒香水。

在这之前不久的时候，威泰默兄弟中的保罗 · 威泰默去世了，皮埃尔则从他兄弟的后继之人中买到了全部的股份，但是皮埃尔此时也已经老了，而他那37岁的儿子雅克并不是一个做生意的好材料。

或许是觉得在儿子掌管家族企业之前，自己有必要将纠纷处理完毕；或许是在与香奈儿多年的争斗中，他终于感到疲倦了，一向不肯退步、不肯退让的皮埃尔主动找到尚布伦要进行谈判。尽管同意让步，但是皮埃尔见到尚布伦时依旧是怒气冲冲的，他直接质问尚布伦，香奈儿到底想要怎么样才肯收手。

从皮埃尔的语气中，尚布伦敏锐地察觉到，之前想好的要求得到战前法国10%的销售利润完全可以再增加。他即兴想了一些条件，在经过几番较量后，双方终于达成了一个协议：香奈儿拥有以“香奈儿小姐”作为商标生产香水的权利，但是商标上不能出现五号的字样；对于战争时期在美国销售的香水，香奈儿获得的特许使用费将增加到18万美元、2万英镑和500万法郎；从1947年起，香奈儿每年也拥有香奈儿产品在全世界的2%销售额，这在当时约有6万美元。

通过这个协议，香奈儿得到了大量财富，比起之前获得的少得可怜的报酬，这个协议带来的利润甚至可以用巨款来形容。她非常开心，专程从瑞士回到巴黎的丽思酒店，与尚布伦和他的妻子乔西进行庆祝。在香奈儿看来，或许一切都已经结束。

男设计师主宰天下

变的是我，而非时尚，我就是时尚。

——可可·香奈儿

香奈儿成了一个富人，但她正从时尚中逐渐隐退，而战争时期在巴黎的不愉快经历也让她精疲力尽，她决定离开巴黎，继续去瑞士生活。

和以前在巴黎忙碌的生活不同，她在瑞士既没有时装展需要准备，也没有竞争对手需要应付，每天的生活都非常安逸，上午一般会待在家里看小说和听音乐，下午则出去散步或者购物。然而，这样快乐的情绪并没有维持多长时间，香奈儿很快就感到厌倦了，特别是在瑞士待了几年之后，无聊感不断侵扰她的内心。她越来越怀念以前为设计时装绞尽脑汁的状态。

之于这种怀念，香奈儿在瑞士难以长时间待下去了，于是便频繁回到巴黎、纽约和伦敦小住。除了与朋友聊天，她也密切关注时尚信息和最新的时装展。然而，不用香奈儿特别注意，她便知道这个时候最为盛名的时装设计师当属克里斯汀·迪奥。

迪奥于 1905 年在法国诺曼底出生，是一位企业家的儿子，毕业于巴黎政治学院，但他对政治并不感兴趣，而是沉迷于艺术之中，并长期从事时尚领域的工作。1947 年，当第二次世界大战结束两年后，已进入不惑之年的迪奥在时装界爆发了，他在巴黎蒙田大道开了第一家个人服饰店，然后迅速推出了他的第一个时装系列。

迪奥的服装风格与战前极为不同，不仅制作精良，而且力求重新塑造女性的曲线美感：裙子的腰身急速收起，突出了胸部的曲线；裙子下部大多以黑色毛料制成，并采用细致的褶皱装饰，仿佛像一朵盛开的花；而以往的平肩也被修饰精巧的肩线取代。这种另类的服装风格完全颠覆了战时的审美，也颠覆了所有人的目光。

在战争期间，女性的爱美之心长期被压抑，一旦战争结束，她们的目光重新转移到装扮自己当中，而迪奥设计的华美衣服正好迎合了人们的需求。于是这一缺口刚一打开，便成功吸引了女人们的注意力。

在当时的时装展现场，出席展览的媒体众多，甚至是《VOGUE》《时尚芭莎》《星期日泰晤士报》《纽约先驱论坛报》《她》等知名的杂志和媒体都来了。尽管由于次日的大罢工导致巴黎的本地报纸陷入瘫痪之中，但是国际报纸却争相报道了这次的非常规时装展，并盛赞是迪奥恢复了巴黎作为时装领袖的地位。

媒体的描写并没有夸大其词，在整个50年代，新的时装风尚的确是以他塑造的服饰风格为主流。他的名字，也深深烙印在女性的心中和20世纪的时尚史上。

香奈儿是从报纸上看到迪奥的消息的。她了解到迪奥成为了炙手可热的服装设计师，许多人都成为了他的客户，甚至是温莎公爵夫人等上流社会人群也被他深深吸引住了。香奈儿还了解到，为了满足客户的订货需求，迪奥和他的团队不得不连续工作18小时。

那么，这个迪奥到底是何许人也？香奈儿怀着好奇的心情回到了巴黎，她仔细观摩着充斥巴黎各个角落的迪奥风格的时装，却失望地发现，迪奥着力表现的元素正是她努力想要扫除的。香奈儿难以理解，又有些迷茫，难道真是自己老了，已经不能抓住年轻人的时尚了？她落寞地回到丽思酒店内，却恰好遇到在《VOGUE》杂志为迪奥服饰进行配图的编辑克里斯蒂安·贝拉尔，她马上冲过去指责他帮助迪奥摧毁了巴黎的时尚和品味。

“不要再假装你就是巴黎的时尚了。”贝拉尔有些生气地反驳。

香奈儿却没有被他的言论激怒，她承认自己老了，但是她还具有审美品味，或许现在的年轻人都喜欢这种精致、华美的服饰，但她也绝不会认为自己就是被淘汰的。

事实上，迪奥的成功的确是多方因素综合的结果，特别是具有针对性的市场需求，因为优雅的巴黎女人正在试图撇开战争带来的痛苦，她们迫切地想要释放自己。这种现象不只是迪奥意识到了，其他的时装设计师如雅克·法特、勒龙和巴伦西亚加等也都推出了远比战前更为奢华的服饰。

在巴黎逗留了一段时间，香奈儿觉得自己对巴黎不再有熟悉感，于是又返回了瑞士。这个时候，她在瑞士的住宅旁边多了一位新的邻居，那便是曾经卓有盛名的影视演员卓别林。但是现在，卓别林却是作为政治难民逃亡到瑞士的。

与卓别林熟悉之后，香奈儿忍不住问卓别林那些在屏幕上穿着的小流浪汉服装是从哪里找来的。卓别林幽默地回答说，是从音乐厅捡破烂的人手中要来的。而关于香奈儿询问他为什么不再继续演电影了，卓别林没有诉苦，也没有悲伤，而是避重就轻地答道："我老了，屏幕上又不需要一个老流浪汉。"

这些话触动了香奈儿，她突然觉得自己与卓别林有些同病相怜，同样是英雄迟暮，同样是面对自己喜欢的事物却无能为力。她开始不断地旅行，但也不断地重新回到瑞士，仿佛是寻找不到自己的依托。

1953 年，香奈儿终于等来了一件令她开心的事情。这一年，位于美国纽约的香奈儿香水公司邀请她审查扩张后的新办公室的装修情况。香奈儿高兴极了，她让人送来了屏风、米色地毯，又坚持用蜂蜜米色墙饰，并用非洲青铜雕塑和雷诺阿的画装饰墙壁。

香奈儿觉得自己终于可以做点什么了，尽管这是她在 1946 年之后第一次来到纽约，尽管她在纽约待的时间并不长，但她就是觉得要尽量将这间办公室装饰好。情况也正如人们料想的那样，香奈儿只在纽约停留了 3 个月就离开了。

她再次回到巴黎，尽管不想承认，但是她还是明确地知道，巴黎正在经历从女性设计师到男性设计师的转变。在

1920 年至 1940 年间，卓有盛名的时装设计师大部分都是女性，除了香奈儿本人，还有伊尔莎、莲娜·丽姿、格雷夫人等，她们都在时尚事业上成就非凡，并管理着自己的时装公司。

但从第二次世界大战开始，情况发生了转变。迪奥、纪梵希、吕西安、巴伦西亚加、巴尔曼、卡丹等都在战争爆发前后开设了自己的时装公司。这些男性设计师和女人们不一样，不像女人直接按照人体形态进行剪裁衣服，或者是在人体模型上缝制时装，他们是在图纸上工作和画设计图。由于不受具体的人物比例限制，这些设计师能够将天马行空的想法展现出来，从而创造出别具一格的新式服装。

也有人说，男性设计师之所以能够设计出新颖别致的衣服，是因为他们设计出来的服装自己从来不穿，而是要给女人穿，只需讲究款式和外观，而不管实用性。因此更能在设计上立即吸引人们的眼球，达到很好的视觉效果。

不过这些代表新潮流的男性设计师也并不总是一帆风顺的，他们要不断设计出新的款式，才能满足人们喜新厌旧的心态。而这也正是迪奥等人面临巨大压力的原因，他们甚至将这种风格演变成夸张的几何图案、不规则的非对称图案和各种象形系列图案。

在 1939 ~ 1940 年的秋冬时装展上，迪奥就推出了“飞翔”系列的连衣裙，即将紧身连衣裙做成一个天使的形象，这样便使服装看起来非常饱满。而紧随迪奥之后，巴伦西亚加也设计了像南瓜一样的塔夫绸晚礼服。

不过这些极具想象力的服装设计，是否能打动消费者的心，并不总是固定的。如果各个系列在款式上差别较大，消费者会表示难以接受这样的创造；而如果款式上的联系不大，那么消费者又会说设计师毫无新意。总之，尽管男性设计师迎来了时装创作的高峰期，但是他们却也像在走钢丝，一着不慎，就会失足坠落。

这个时候，巴黎的时装界也有传言称，香奈儿将要回归。这个谣言出现的时间是 1950 年，那时曾经和香奈儿争夺客户群的伊尔莎宣告放弃重回巴黎，关闭了她的时装公司。于是人们也认为，香奈儿像伊尔莎一样，已经成为过去时了。除了她的香水，似乎已经没有什么能让人记住她。

谣言再次出现是在 1952 年，报纸上说香奈儿将于 1954 年正式复出。事情的起因在于香奈儿写信给朋友，告诉对方自己不能一直无所事事，她没有婚姻、没有家庭，也没有孩子，只有工作能够排解她的寂寞，因此她想要“重新投入到一件有意义的工作中”。香奈儿在信中也解释了她选择在这个时候复出的原因。她认为如今的巴黎和刚结束战争时期的巴黎是不一样的，女人们虽然频繁参加各种时装展，却不知道自己究竟该选择什么样的服饰。她决定改变这样的状态，要重新为巴黎女人塑造新的时装风格。

这封信后来出现在杂志上，这一次，相信传言的人似乎多了起来，有人推测香奈儿时装公司将会以制作成人衣服的方式复出，也有人推测香奈儿将会顺应潮流，推出有史以来最为奢侈的时装系列。但是香奈儿依旧没有回应，她知道自己要重新开始，但是以什么方式复出，将会是一件值得深思的事情。

第七章

卷土重来的辉煌

在香奈儿离开时尚圈的 8 年时间里，世界出现了天翻地覆的变化，迪奥、卡丹、巴尔曼等新崛起的设计师如同雨后春笋般接连涌现，他们的风格奢华而讲究，将香奈儿曾经为时尚圈树立的简约优雅风尚完全颠覆了。就是在这个时候，已经被岁月染了白发的香奈儿决定重出江湖，回到属于她的时尚舞台之中。尽管路途艰难，她却再一次将那永不过时的风尚带到人们中间，创造了人生中的另一次辉煌成就。

70 岁，东山再起

取得成功的人往往是不知道失败是无可避免的那些人。

——可可·香奈儿

香奈儿决定复出了。

她已经 70 岁，尽管精神矍铄，却也生了许多白发。

许多曾经知道她盛名的人都心存疑问，这样大的年龄还能够做什么？但是在香奈儿看来，年纪并不是一件重要的事情，她觉得没有什么理由能够阻挡她去实现自己的梦想。

这个时候也发生了一件事，更加奠定了她重回时装界的信心。

香奈儿有一个亲密的晚辈朋友，叫玛丽·伊莲娜·德·罗斯柴尔德，仅从姓氏上来看，就可以很明显地知道这位年轻的女孩嫁到了著名的金融巨富罗斯柴尔德家族。当时，她正为一个重要的派对准备礼服，挑来选去，最终买回了一件奢华精致的低胸紧身晚礼服。

美丽的姑娘身材很好，穿上礼服的确显示出傲人的曲线，但是却失去了一种美感，也少了一种韵味。当她提着衣服走到香奈儿面前时，毫无意外地引起了香奈儿的尖叫，在香奈儿看来，没有什么比紧身束胸的礼服更加丑了。

或许是过了购买礼服时的冲动情绪，罗斯柴尔德也对身上的衣服不是特别满意，她有些懊恼，但是派对就快要开始了，再去买一件礼服显然是来不及的。香奈儿看着焦急的罗斯柴尔德，当即就将深红色的窗帘布扯了下来，然后临时缝制了一件礼服。

换上新的晚装，罗斯柴尔德高兴地出去赴宴了，她回来时容光焕发，开心地告诉香奈儿，几乎每个人都夸奖她的衣服很好看，也在打探她的服装设计师是谁。

短短的一句话，勾起了香奈儿对遥远往事的无限回忆和怀念。当她最初踏入时装行业时，也有很多人这样追着她询问身上的衣服是在哪里买的，那个时候，香奈儿会自信地告诉她们，都是自己设计的。

这样的场景让香奈儿很激动，在瑞士生活十多年，她已经很久没有从事业上获得满足的情绪了。她决定重新开始，重新回到令她激动、给她信心的时装事业。

香奈儿在巴黎安顿下来，她为了积攒资金，甚至卖掉了在罗克布兰的拉堡萨别墅。买主是已经从首相位置上退下来的温斯顿·丘吉尔，令人讽刺的是，多年之前，香奈儿在马德里想尽一切办法想要见到这位政要却未能如愿，但如今，丘吉尔却买走了她的别墅，后来又在这里写出了关于二战的回忆录。

不管怎样，香奈儿拿到了她需要的资金。不过这笔钱对于重新开启时尚帝国却是远远不够的，于是她将目光投向了《时尚芭莎》的老板卡美尔·斯诺，并派玛丽·露易丝去询问她，对于在纽约第五大道售卖香奈儿原版时装是否有兴趣。

卡美尔·斯诺很快发回了电报：

> 我认识一个一流的成衣厂家，他们有意复制你的系列，但是玛丽·露易丝对细节并不清楚。你的时装季何时准备好？你是否准备在纽约举办时装展？你是否提供面料？
>
> 我很高兴能够帮助你。

在这封电报中，卡美尔·斯诺对香奈儿的时装事业表示出很大的兴趣，但是香奈儿却并不打算将回归首秀放到纽约，她在回信中表达了自己未来或许会到美国开时装展的想法：

> 我的第一个时装展将在 11 月 1 日准备好，我相信，在收到你所认识的一流生产厂家的报价前，不做任何承诺是审慎的。也许，他能飞来巴黎就好了。当然，如果能同时见到你就更开心了。现在来说，我不准备在美国展出时装，但未来我不会说不，只是这个要晚一点。

在这一问一答之间，香奈儿很清楚地知道，如果自己回归成功，那么《时尚芭莎》肯定会给予支持，而在美国售卖成衣的事业也会顺利开展，不过在这之前，她还是要解决最为重要的资金问题，她需要一个可以为她的时装事业直接提供资金赞助的人。

香奈儿想到了曾经的合作伙伴，以及因为香水而争斗了半个世纪的皮埃尔·威泰默。这个具有卓绝眼光的商人，尽管一度和香奈儿闹得很不愉快，但在听说了香奈儿要回归的想法后，依然决定和香奈儿同行，愿意支付服装展的一半费用。

皮埃尔当然不是念及旧情，更不是一个慈善家，他愿意为香奈儿的复出埋单，还是出于商业利益考虑。香奈儿5号香水在经历多年的畅销之后，第一次出现了业绩下滑的现象，而如果香奈儿在这个时候能够重新回到人们的视野中，对香水销售无疑是大有帮助的。

尽管如此，皮埃尔也面临着来自董事会的压力。他们中的大部分人都认为，香奈儿已经老了，她的审美还能否符合这个时代，甚至是她的身体条件是否允许她在高强度下工作，都是未知之数。

面对纷纭迭起的反对声，皮埃尔坚持己见，认定自己的想法不会错。

就这样，在利益的驱使下，在独到的见解之中，或许也有着某些旧时的情谊在里面，皮埃尔从香水公司中拿出了 1500 万法郎，坚定地支持香奈儿重新站回到时装的舞台中。

香奈儿似乎要破釜沉舟，她卖掉了在全盛时期买下的康朋街的建筑，而只保留了康朋街 31 号的总店。为了展现出一种新气象，她对这间陪她沉浮多年的店铺也进行重新装修。一楼精品店，即使在她隐退时期也一直在售卖香水，这个时候得到翻新，看起来富丽堂皇；二楼的工作间准备完毕，大沙龙里的镜子从陈旧中得到解脱，被换成了崭新的几面新镜子；甚至是三楼的卧室也重新粉刷，里面摆满了香奈儿毕生珍藏的宝贝，包括她的中国式屏风，朋友送给她的雕塑，以及用珍珠、黄金、乌木和水晶等制作的装饰品。

记者闻风而来，他们抛出一个又一个犀利、直接甚至是刻薄的问题。

但香奈儿从来都不是一个畏首畏尾的女子，更深知媒体对一个时尚工作者的重要性，既然选择重新开始，她当然要和时尚杂志打好交道。面对闪烁着狼一样目光的记者，她大方接待，用掷地有声的言语告诉他们，香奈儿回来了，要重新开一家时装公司！

在被问到对迪奥的看法时，香奈儿直言不讳，她批评了这个正享有盛名的设计师，她说自己热爱迪奥，但是他给女人设计的衣服像是给靠背椅穿的。

这样坦率的观点，正是想要制造话题的媒体需要的，他们兴奋地将这些话写到报纸中，也写到五花八门的杂志上，试图挑起新一轮的争斗。

然而，不管记者们如何报道和煽动设计师之间的情绪，香奈儿却再也不管了，她开始全身心投入到工作中。她的方式还是和以往一样，直接在模特身上进行缝制，针线飞走，须臾之间一件充满香奈儿风格的衣服便诞生了。但香奈儿并不满意，她将衣服反复拆开，缝上，剪短或是加长，直到达到她最想要的效果。

六七个小时的工作中，即使是年轻的模特们也累得精疲累尽，她们纷纷坐在镀金的椅子上等着试衣，但香奈儿却一直在忙碌着，仿佛永远也不知道劳累一样。

到了时装展原计划的 11 月 1 日，香奈儿并没有准备好；到了 12 月 1 日，1 月 1 日，情况依然如此，想要追求完美的香奈儿依然还在调整她的作品。为了检测裙边是否有问题，她甚至经常趴在地上，让成群的模特排队从面前走过，只为了不留下一点瑕疵。

反复修改之后，香奈儿终于决定不再改动了，时装展被定在1954年的2月5日。这一天的展出，成为了巴黎最热门的事件，每个人都在谈论着，调笑着，也期待着，而位于康朋街的沙龙里更是人满为患，兴奋的媒体杂志、时尚工作者、商人巨贾和社会名流等蜂拥而来，他们觉得错过这一场盛会将会是深深的遗憾。

两点钟的时候，第一个模特出现在T台上，聊天声突然停了下来，人们全神贯注地看向展台，跟随模特的走动而变换着目光。接着，更多的模特出现在观众的视野中，她们之间相互间隔六步，缓慢而优雅地行走，等差不多有七八个人的时候，便一起面向观众站立、摆出造型、停顿一小会儿，接着再次变化造型，缓慢地转身，走回来时的路。

香奈儿始终没有出现。

像许多年前一样，她还是站在属于自己的位置，那布满镜子的楼梯顶端。

有一个聪明的记者抓拍到香奈儿站在楼梯间的身影，她身穿白色长衫、黑色丝绸背心和紧身裙，正神情严肃、目光炯炯地注视着下面。

她在看什么？又在想什么？

或许是在思索为什么观众中很少有年轻的面孔吧，或许是在想掌声好像并不如她想象的那样热烈，又或者是感受到了人们之间那富有深意的对视。

时装展结束了，各大媒体的记者和编辑脸上带有明显失望的情绪。在他们心里，已经认同了迪奥时装展的模式，在那里，模特们手拿各种手袋、手套甚至是雨伞，快速移动，呈现出动感十足的场景和氛围。毫无疑问，那样的展览才是他们期待的。

很少有媒体想到要采访香奈儿，他们着急地向外涌去，仿佛还有很忙的事情需要处理。与冷淡的媒体相比，香奈儿的老朋友显得温情多了，他们走上楼梯与香奈儿见面，并告诉香奈儿，她是一个成功者。即使如此，香奈儿依然很落寞，她不是一个愿意自我欺骗的人，敏锐的她早已从观众的反应中知道了自己的时装展已经失败，她的复出首秀也成了一场笑话。

事情果然如此，到了第二天，媒体的评论几乎一边倒地充斥着否定、嘲讽和抨击。

《每日快报》以醒目的“惨败——观众惊愕!”为大标题，对香奈儿的复出进行报道。

《费加罗》写道：“场面很让人怜惜，你感觉好像回到了1925 年。”

《战斗》评论说：“从第一件衣服开始，我们就知道香奈儿风格属于过去。收腰的裙子、灯笼袖和圆形袒胸低领，是对过去时代的回忆，这无疑是难以重现的1929～1930 年。”

《曙光报》甚至还对香奈儿挑选模特的品味进行了并不友好的点评：“模特的形体还停留在30 年代的审美，没有胸部，没有腰身，没有臀线。”

香奈儿坦然地接受了失败，但她心中对这些记者和编辑却是愤怒的，她觉得自己坚守的风格并没有像他们说的那样不堪，而为妇女设计实用舒适的服装也将永远是她的主题。

对此，香奈儿在接受《法兰西之夜》的采访时说道：“我能告诉你什么呢？人们不再知道什么是优雅。当我工作的时候，我思考的只是将要穿上这些衣服的妇女，而不是时装公司。人们如何能错成这样？我曾经帮助妇女解放，我将再次这样做。”

香奈儿是伤心的，但她没有被失望的情绪所摧毁，而是继续投入到工作中。

这个时候，与时装展有着密切利益关系的皮埃尔·威泰默亲自来拜访香奈儿了。他是一个精明的生意人，显然早已观察到媒体对时装展的毁灭性评论，但他却并没有放在心上，也没有因为这一次的失败就否定香奈儿，反而第一时间赶到香奈儿的工作室，给了安慰。

令皮埃尔大吃一惊的是，香奈儿已经自己调整好状态了，甚至在他到达时，香奈儿都没有时间接见他。她让皮埃尔稍等一会，她要忙完手中的服装。对于香奈儿的态度，皮埃尔马上接受了，他静静地坐在椅子上看着香奈儿忙碌，看着这个认识多年的像朋友又像敌人一样的伙伴用那双瘦弱的双手忙碌着。

皮埃尔一等就是几个小时，直到天黑了，香奈儿才停下手中的工作。没有任何抱怨，皮埃尔陪着香奈儿一起走回丽思酒店，在这段路程中，疲惫的香奈儿终于卸下坚强的伪装，情不自禁地向皮埃尔倾诉了内心的失望和痛苦。

然而，她很快又坚定地说道：“我想继续，不断继续下去。”

皮埃尔的回答则是：“你是对的，继续下去是对的。”

或许就是从这一刻起，两个曾经因为香水而不断将对方告上法庭的老人和解了。他们拥有共同的信念，那就是相信香奈儿时装一定会得到人们的认同，一定会重新绽放光彩，尽管这段路程目前走得不是很顺利，尽管他们不知道未来还会遇到什么困难。

但那又如何呢？只要希望还在，只要坚持下去，一切都会像雨后的天空一样明朗起来。

依然属于这个时代

我爱奢华。奢华并不依存于阔绰和华丽，而是显现在不粗俗之中。粗俗或许是我们言语中最丑陋的字眼，我身在这场竞争中，就是为了对抗它。

——可可·香奈儿

香奈儿复出后的第一次时装展结束了，争论还在继续。

虽然法国和英国的媒体对这次展览给予了无情的嘲讽，但是 3 个星期之后，从周刊画报《生活》杂志开始，一些好评开始在美国的时尚杂志之间蔓延和传递。

《生活》杂志的报道占了 4 页的版面，评论认为“香奈儿作为世界上最著名香水背后的名字，没有失去一丁点战前的技艺”。而不同于之前媒体判定的香奈儿时装已经过时的看法，这篇文章认为香奈儿的风格使人想起了 30 年代最好的作品，包括优雅的蕾丝晚装、舒适清新的套装等，这些服装与那些刻意寻求奇异、华美的服装截然不同，是轻便的、简约的，当然也是时尚的。此外，该杂志也注意到香奈儿在服装材料上的创新，除了她常用的针织、棉毛、呢子等，也使用了在二战之后兴起的尼龙、人造丝这些新材料。

可以说，《生活》杂志对香奈儿及其服饰的评价是极高的，它们没有随波逐流，而是秉承审慎的、独立的观点，给予了香奈儿时装以公平的报道。

几乎在同一时间，《VOGUE》杂志美国版的时装编辑贝蒂娜·巴拉德也在杂志上力挺香奈儿。在这本杂志的封面上，直接刊登了香奈儿时装展中的灵魂模特玛丽·伊莲娜·阿诺德的照片。阿诺德身上的衣服属于香奈儿的经典时装系列，外面是海军蓝套装，里面则是装饰有蝴蝶领结的纯白色衬衫，而在她的头上，则斜带着香奈儿最满意的平顶直边草帽。

在巴拉德看来，香奈儿的这套时装简直是太出彩了，她在战前几乎拥有一套一模一样的套装，她相信只要观众看到这套舒适、充满年轻活力的衣服，也会迫切地想要占为已有。

似乎是为了突出对香奈儿的认同，在这期杂志里，巴拉德也用开篇版面的3幅大照片对香奈儿的时装展进行了详细报道，她认为正是这种似曾相识的着装风格，才勾起了人们对往昔的怀念，但这种回忆不是悲伤的，而是再现了美好年代的时装风尚。她还认为这种风尚到现在也没有过时，甚至是更为新时代女性所需要的。

有意思的是，通过杂志的一系列正面报道，再加上香奈儿服饰从时装展中走上街头，真切地出现在人们的视野里，无论以前是否知道香奈儿的女人们，也逐渐将目光聚拢过来。她们惊奇地发现，香奈儿的服装有一种独特的味道，随意得令她们吃惊。

或许是人们早已对迪奥过于精心的服装设计产生了审美疲劳，或许是感到另一位当红设计师巴伦西亚加雕塑式的立体服装有些好笑，再加上经历了二战后近十年的紧身束腰衣服的禁锢，女人们刚一穿上香奈儿的衣服，便再次尝到了解放自己的幸福。在优雅、可以自由运动而又具有现代感的时装面前，她们变得毫无抵抗力。

距离香奈儿在 2 月份举办的时装展不到两个月的时间，她就在时装的真正消费者，而不是媒体中收获了认可，尽管这种好评还没有成为一种主流趋势，却已经让香奈儿产生了继续奋战的信心。

除了消费者反响强烈，后来成为世界著名时装设计师的卡尔·拉格斐，也给予了香奈儿的服装以大大的好评。那时他才 17 岁，刚从家乡汉堡到达巴黎，是行业协会设计学院的一名学生，他幸运地赶上了香奈儿举办复出时装展的机会，也看到了巴黎媒体对香奈儿时装的“恶毒”评价，不过他却有不同的观点。25 年之后，他回忆往事时曾经说道：“许多人感觉看到的是史前的东西，但我喜欢这种风格。香奈儿充满活力和灵感，她在自己的风格和 50 年代的流行之间找到了合适的平衡。”

在仁者见仁，智者见智的评价中，无论是面对否定，还是赞誉与认可，香奈儿都全部接受了。但不管别人怎么看，她始终觉得自己是最了解女人的，知道她们想要什么样的服饰，也相信自己的风格永远不会过时。

然而，日新月异的时代的确不是战前的那个年代了，高级定制服装的方式已经不适合快速消费的需要，即使是昂贵的时装，人们也是穿了就扔，对服装充满快速更新换代的审美口味。至于商人，他们赚取的则是批量生产的成衣利润。

市场是不利于香奈儿的，尽管她的声望在提升，但是却没有迅速转化为财富。甚至是她背后的香水公司也在亏损，因为香奈儿时装成了一个巨大的财务黑洞。

在第一次时装展刚结束时，皮埃尔为了保证香奈儿有足够的资金进行创作，他与香奈儿达成了协议，香水公司将支付康朋街的所有费用，甚至香奈儿的个人开销和应当支付给法国政府的税务，也都包含在内。作为这样慷慨之举的回报，香水公司重申了对香奈儿名字在香水上的绝对使用权，而在1947 年协议中香奈儿可以生产香水并售卖的规定则被取消。

对于香奈儿来说，售卖其他香水获得利润与香奈儿 5 号相比，显然是不可相提并论的，因此是否拥有其他香水的生产权对她来说其实无关紧要，因此新的协议对她还是极为有利的。

只是谁也没有想到，香奈儿的高级定制时装并不如以前赚钱了，尽管人们非常喜欢这些衣服的风格。面对此情此景，一直主张支持香奈儿的皮埃尔再次受到了来自董事会的压力。这些逐利的商人，纷纷要求香奈儿拿出有效的解决办法。

香奈儿才不是傻瓜，她感激皮埃尔和香水公司的支持，却并不意味着就要看他们的脸色生活。当香水公司的高管让她负责时，香奈儿直接找来皮埃儿，透露出自已想要把时装公司卖给其他生产商的想法。

这当然不是香奈儿希望发生的，她已经老了，不知道还能在这个世上留下多少年的痕迹，将服装卖给她并不熟悉的商人，她不能保证是否能够将香奈儿品牌延续下去。

皮埃尔也知道这种情况，重要的不是香奈儿将时装公司卖给谁，又以多少钱出售，关键在于这个买家会运用香奈儿的标志来做些什么。而这与他拥有的香奈儿香水公司有直接的利益关系，假如香奈儿的标志被用在了低劣的产品之上，他可以预料到，不用多长时间，香奈儿 5 号香水将会走上末路，即使这款香水一直是许多人心中最好的香水。

经过一番权衡，皮埃尔决定全面收购属于香奈儿的一切股权，包括香奈儿时装公司、康朋街房产、香奈儿纺织厂和香奈儿出版社，甚至是带有香奈儿名字的一切。不过对于这项大买卖，双方很少在公众场合提及，因此收购价格直到如今也没有被公开。

精明的香奈儿还是保留了一些权利，比如说对香水的特许经营费，这不仅涉及到香奈儿之前推出的香奈儿5号、俄罗斯皮革香水等，也包括香水公司正在推出的香奈儿首个男士系列的香水。此外，香奈儿也拥有对时装设计和合作方的唯一控制权。

新的合同达成了，香水公司和香奈儿真正成为一条船上的伙伴，一荣俱荣，一损俱损。此后无论怎样，香水公司都要全力支持香奈儿。这解决了香奈儿的后顾之忧，也不用在设计时装的百忙之中费心思来应付香水公司的董事们，她为自己争取到了绝对有利的环境。

其实香奈儿背后的力量远不止于威泰默家族和香水公司，还有以金融起家并积累了巨大财富的罗斯柴尔德家族。这个家族在玛丽·伊莲娜·罗斯柴尔德的连通之下，为香奈儿在与其他设计师争夺市场的竞争中进行了站队支持。

再无后顾之忧，香奈儿怀着坚定的信念继续寻找创作的灵感，她全身心地准备着1954年即将到来的秋季时装展。

作为一名时装设计师，香奈儿也有自己的短板，她不会画设计图。这主要与她早期的经历有关，她并不是一个科班出身的设计师，只是在少女时期学过一些裁缝而已。对此，香奈儿并不掩饰，也不以为意，因为这对其他设计师或许是致命的缺陷，在她看来却是可以克服的，她一直运用自己的工作方法，那就是在模特身上直接剪裁。

无论是简单随意的套装，还是华贵的晚礼服，香奈儿都是采用这种模式。即将一块服装材料披在模特身上观察、揣摩，或者是按照想好的服装款式，直接剪裁和缝制。这是真正的立体剪裁，正因为如此，香奈儿也对每个模特的体型和身材都非常了解，因而设计出的服装既在外观上时尚优雅，同时又合身舒适。

在为第二次时装展做准备的过程中，香奈儿得心应手多了，她没有像春天时那样将时装展的时间不停延后，而是按照计划的日期准时举办。

新推出的时装展中，香奈儿采用的服装面料还是如以往一样，包括针织、粗呢、天鹅绒等，甚至是颜色也没有太多的变化，主要以她钟情的白色、黑色、粉色、米色和蓝色为主。不过服装的设计却是在以往风格的基础上进行了创新：一件外套会采用针织与粗呢搭配使用，这种不同面料的组合使用让人耳目一新；衣襟、下摆等地方镶嵌着罗缎滚边，为时装增添了一抹优雅；口袋也稍微外翻，在接缝处还缝着一条细细的链条，营造除了活泼时尚的垂坠之感；当然，衣服上还有那个闻名世界的双 C 标志。

这一次，香奈儿获得了想要的成功和热烈的反馈。

《生活》杂志在第一时间作了极高的评价，文章中写道：“她已经引领着一切，71 岁的香奈儿创造的不仅是一种时尚，更是一种革命。”

《VOGUE》美国版的时尚编辑巴拉德，更是多次写了文章进行称赞，她认为香奈儿一直明白女人真正渴求的是什么，并能够创造出给女人带来自信的服饰，而不是以一些奇形怪状的服装造型来博取眼球，让人出尽洋相。

认可香奈儿的人越来越多了，除了老一批的香奈儿时装的忠实粉丝，她还吸引了年轻一代的注意力和目光，女人们都以拥有一套香奈儿的粉色系或格子花呢的套装为荣。而在美国，香奈儿的影响力更是超乎意外的巨大，订单像雪花一样飞来。

香奈儿的客户群包括著名的影视演员伊丽莎白·泰勒、玛琳·黛德丽、格蕾丝·凯利等，她们都是当时在穿着上引领风尚的时尚女子，也是最懂得服饰的潮流人物。这些荧屏的宠儿，穿上香奈儿的时装，无疑是对香奈儿事业的强有力宣传。

情况正在向好的方面转变，在时隔多年之后，香奈儿风格再次走入人们的视野之中，成了女人们解放自己和发现舒适美的标杆。

无疑，香奈儿以实力和事实证明，她依然属于这个时代。

成为时装展的赢家

一项发明一旦创造出来，就是为了消失在默默无闻之中。我不能够将自己所有的想法都发展起来，那么由别人来实现这些，对于我来说是一件快乐的事情，有的时候比我自己亲自动手还会让我快乐。这也是为什么我总是远离我的同事们。几年来，他们所认为最大的悲剧是抄袭，而对我来说抄袭是不存在的。

——可可・香奈儿

香奈儿的名气恢复到了战前的盛况，甚至比之前还要声名远播。她举办了一个又一个时装展，将自己的风格全面铺展开来。然而，事业如日中天的时候，她也遇到了一个难题，那就是由山寨服装引起的争论。

事实上，山寨服装的问题早已出现，其历史可以追溯到18 世纪，当时法国国王路易十六的妻子玛丽・安托瓦内特拥有自己专属的裁缝，也在各种场合展现了许多不同款式的奢华服饰。凡尔赛的一些高等名妓对此非常关注，她们为了吸引人们的目光，曾经贿赂安托瓦内特的裁缝，试图获得女王最新服装的详情。

尽管后来法国爆发了大革命，人民推翻了路易十六和安托瓦内特的统治，法国也在前行中不断发展，但是盗版、山寨服装的纠纷却一直没有解决。

特别是 20 世纪 30 年代以来，盗版设计似乎已经演变成了一种趋势，甚至成为一门艺术。为了防止设计创意被偷盗，在时装展上，相机是被禁止使用的，不过这依然不能杜绝投机者采取其他办法偷盗创意。他们甚至专门雇佣了一批素描画师，将两三个人分成一组，在时装展上相互配合，一人负责衣领，另一人负责衣袖，还有一个人专门负责衣服的主体部分，然后在时装展结束后，便能够拼出一件完整时装的款式和设计理念。

这让服装的原创设计师非常头疼，特别是一些在意版权的设计师更加不能容忍这种现象的发生。基于此种现象，著名的设计师吕西安·勒龙发起成立了巴黎时装行业协会。

协会在当时的巴黎是非常有权威的时装行业管理机构，它负责协调时装展的排期和认证等工作，但它最重要的职责是监管对原创设计的复制问题。

根据协会的规定，时装展对入场的嘉宾有严格的筛选制度，并强硬地规定“只对行业内的人士开放”。

设计师们都在根据协会的规定举办时装展，但是香奈儿却有不同的想法，她认为任何试图保护设计理念的举措都是毫无意义的，因为对于商人而言，只要有利可求，他们便会无孔不入。香奈儿曾经就抓到了一个商业间谍，这个人为了获取她的最新的服装信息，甚至翻查她丢掉的垃圾，试图知道她在服装上的用料、颜色等。

除了不能杜绝复制的原因外，香奈儿也认为盗版服装的出现，正是对原版服装的肯定。就如多年前她在纽约的百货大楼里看到自己的盗版服饰一样，她复出后，同样发现有一个小贩在偷偷售卖她的时装，价格只有 50 法郎一件，但却很抢手。

这件事对香奈儿的触动很大，她决定不再遵循行业协会关于时装展的规定，直接开放她的展览，允许各种阶层的人们前往观看，也允许记者和编辑拍照。特立独行和充满自信的香奈儿，甚至告诉媒体说：“在我的时装展上，你可以把我所有的创意偷走。时装不是为了保存，封闭起来的时装很快就会被淘汰。”

香奈儿这种不跟随大众的行为惹怒了协会的主席雷蒙·巴赫。他声称协会的规定，是为了让所有的媒体都有同等的机会，同时更是为了确保付费的商家在将时装搬进商场之前，不会有盗版的服装出现。

香奈儿据理力争，她举了一个真实的例子，那就是她收到的一个法国纺织女工的信。这个处于下层社会的女工，非常喜欢香奈儿的时装设计风格，但她买不起香奈儿的任何服饰，也难以进入时装展中，于是便写信请求香奈儿允许她看一眼她的服装。

在香奈儿心里，一直都认为仿冒品的出现其实是对设计师的奖励，证明这个设计师具有很大的市场前景，而如果根据协会的规定，全面封闭时装展，那么被伤害的便是女工一类的人，她们热爱服装，却见不到自己关注的服装款式，这是何其悲哀的一件事。

雷蒙·巴赫依然没有被香奈儿说服，他坚持称开放时装展会产生仿冒品，直接导致设计师和厂商在金钱上的损失。

争论没有结果，香奈儿直接向巴黎时装行业协会递出了辞呈，她要退出这个协会！可以说，香奈儿的决定是英明的，自从她开放时装展后，每年举办展览时，参观的人越来越多，而媒体的报道也比以前更加及时、全面和具有卓有成效的影响力。

或许是看到了其中的好处，纪梵希和巴伦西亚加随后也追随香奈儿的步伐，允许记者对他们的服装展进行摄影报道，而巴黎时装行业协会则悄悄放弃了封锁媒体的规定。

解决了行业协会对时装发展上的限制，香奈儿的事业几乎席卷了时尚圈的各个角落。由于独树一帜的风格，她促成了巴黎的时装行业分化成两大阵营：一派是以迪奥、纪梵希、巴尔曼和法特等为代表的时尚圈，他们以想象中的体型设计服装，作品因为具有“衣架魅力”而深受服装店铺的欢迎；另一派则以香奈儿、巴伦西亚加为主导，他们的时装以穿着者的体型设计，大多采用柔性面料，比如紧身套衫和丝绸花呢。

两个阵营的时装设计师在当时都是声名卓著的大师，他们每个人都有自己的风格，也都拥有各自忠实的客户群体，为巴黎时装业百家争鸣的盛况做出了自己的贡献。然而，仅仅是一年之后，巴黎的时装业便追上了香奈儿的步伐，并在香奈儿风尚的引导之下，变得更加实用。《VOGUE》杂志在深入调查之后，曾高度赞扬了香奈儿带来的变革，认为整个巴黎时装界都充满着“穿着舒适、未过分设计的服装，这是香奈儿主义在其高峰时期的基础”。

尽管香奈儿为巴黎时装带来了革新，但并不是说她从此之后便没有竞争对手了。在时装的道路上，克里斯汀・迪奥、皮尔・卡丹等人通过时装展一直与香奈儿较量着。比如说在1957年的春季时装展中，虽然迪奥因为身体原因，没有设计出令人满意的作品，不过皮尔・卡丹却大放光彩，他提出了“成衣大众化”的观点，主张设计的服装不仅要能够穿在温莎公爵夫人等贵族的身上，也要力求让公爵夫人的门房也有能力购买。这当然是一种形象的比喻，皮尔・卡丹不可能真的为只愿意出几法郎的人设计服装。

或许是在保证衣服品质的同时降低了价格，皮尔・卡丹成为了时装业的新宠儿，自时装展之后，他的成衣便大量销往美国，以美国中产阶级买得起的价格出售，大获成功。

对此，香奈儿和迪奥显然是不甘心的，他们决定在1958

年的时装展中重新拿回主导权。然而，长期陷入压力之中的迪奥却再也没有机会战胜对手了，1957 年 10 月，当他在意大利度假时，因心脏病突发而走到生命的尽头，时年 52 岁。

迪奥去世时，香奈儿在美国德克萨斯州的达拉斯，正接受“过去 50 年最有影响力的设计师”奖项。听到消息，她为这个逝去的竞争对手和同行表示深深的惋惜，同时也没有放松对迪奥公司的关注，因为香奈儿知道新的设计师很快就会出现。

果然，迪奥的助手，一个来自北非的腼腆年轻人伊夫·圣·罗兰很快接替了迪奥，成为这个公司内的首席设计师。而在香奈儿回到巴黎的 3 个月之后，媒体就开始大肆渲染圣·罗兰拯救了迪奥的风格。

这位年仅 21 岁的设计师，在 1958 年推出的时装展中，的确具有可圈可点的作品。他将一件简单的黑色丝绸或毛料裙从很窄的肩带垂下，形成了一种与众不同的时装风格，即具有短而宽的裙边。就是这种新的梯形线设计，让女人们的衣服顷刻间都成为了过时的产品。

为了紧追时尚的步伐，无论是上层社会的贵族女子，还是依靠工薪生活的新时代女性，纷纷抛弃了过去拥有的衣服，毫不吝啬地拿出钱财来购买这种时新的设计。正因为如此，迪奥服装在当年的销量比巴黎其他时装公司的销量总和的一半还多。

然而，香奈儿却不跟风，她在 1958 年推出的时装展中，除了展出她的长袖开衫毛衣、用链子加重的夹克下边、漂亮的衬里、可以装香烟和钥匙的真口袋，并没有大尺度地改变裙边的位置，而是依然将裙边保持在原来过膝的地方。这样的举措虽然没有让香奈儿立即吸引女人的目光，但是她却赢得了许多买家的感激之情，因为如此设计的时装看不出是否过时，甚至能保证在 6 个月之后还很时兴。

有一件事情很有意思，那就是在巴黎的坊间，渐渐出现了一条约定成俗的默契规定，那就是每一季的裙边长度变化不得超过两英寸。看来，女人们最终还是怕了，她们担心自己刚刚花费大量金钱购买的时装，还没穿上多长时间，结果流行趋势又变了。

这样的情况对香奈儿当然是有利的，事实上她也没有因为伊夫·圣·罗兰的突然袭击而失掉许多顾客。特别是到了 1959 年的时装展中，香奈儿占据的有利地位愈发凸显出来，因为伊夫·圣·罗兰竟突然模仿起香奈儿的服装风格，将裙边下放到膝下 3 英寸。

对此，香奈儿不无“恶毒”地评价说：“圣·罗兰有卓绝的品味，他复制我的东西越多，展示的品味就越好。”尽管她此时已经75岁了，却依旧是犀利的，从不掩饰自己的观点，无论是赞扬，还是批评。

圣·罗兰的信心也被强大的媒体舆论摧毁了，《VOGUE》杂志甚至以略带同情的话语调侃道：“当迎接新时装系列的是愤慨的叫喊声，这是健康的迹象，说明时尚界还很活跃。”

显而易见，在与圣·罗兰的较量之中，香奈儿是胜利的一方，但她依然没有过多的时间进行庆祝和放松，因为真正活跃起来的时尚圈总是经常性地出现一些强有力的竞争者。在1960年的时装展中，与香奈儿较劲的则是巴伦西亚加的前任助理安德烈·库雷。

库雷以色彩鲜艳、大大短于膝盖的裙子闻名，他把自己比喻为具有速度和激情的法拉利，却把香奈儿比喻为昂贵古朴的劳斯莱斯，“虽然还能跑，但是已经失去了活力”。

比喻相当不客气，也很具有挑战的味道，对此，香奈儿针锋相对，她反驳说自己是为女人设计服装，而不单纯是为了没有长大的少年。她也嘲笑所谓的“迷你裙”，认为这种服饰并不适合所有年龄段的女人，对于30岁以上还穿着迷你裙的人，香奈儿直言说是“老女孩”。

不管两人如何互相抨击，1960 年的时装展如约而来，香奈儿推出的时装在延续以往简约风格的基础上，主要是在细节处进行设计和打磨，比如略有闪光的裙子、无领短夹克、珠宝袖扣。在面对迷你短裙日益盛行的情况下，她的服装依然是大方优雅的，裙子还在膝部附近，不至于太短而走光，因此也成为众多知性女人的选择。

事实也证明了香奈儿的选择是对的，当“迷你裙”的风渐渐消散时，许多以设计和出售短裙为主的服装公司纷纷面临财务问题，香奈儿的时装却始终保持着稳定的增长额。

可以说，从 1954 年复出以来，香奈儿遇到了前仆后继的年轻设计师，他们或是具有天马行空的想法，或是追新求异，总之都以新颖的现代主义风格而声名卓著，但是若要说能够引起女性共鸣的设计师，则非香奈儿莫属。她创作的服装，在优雅之中带着一些阳刚的气息，简约灵动，是对女性的解放，让她们在把自己打扮得漂亮迷人的同时，身体也是舒适的和自由的。

凭借独特的审美品味和坚毅自信的品质，香奈儿成为了众多时装展中的最大赢家，在回归时装界仅仅四五年的时间，她又被称为“世界上最主要的时尚引导者”。

香奈儿品牌神话

要做到不可取代，就要与众不同。

——可可·香奈儿

回首香奈儿的时尚之路，有喜悦，也有艰辛。

在这条竞争激烈的道路上，曾经出现了许多和她比肩的设计师，甚至有的设计师也让她颇为头疼，但是当历史的步伐慢慢推移，香奈儿却成了时尚圈中最令人感动的一个人。

她是那样不知疲倦，似乎一直都在向前奔跑着。即使重新获得在时装界的权威地位之后，她也依然没有停留在沾沾自喜和自我满足的状态，而是立即投入到为女人搭配合适的帽子、配饰、珠宝、鞋履和手包之中。

这样的举动是爱美的女性所喜欢的，她们早已为身上不同风格的服饰与鞋子难过很久了，也为找不到合适的发饰和手包来搭配最喜欢的套装而纠结徘徊。香奈儿显然是洞悉了女性的需求，她很快便设计了同一风格的配饰、鞋子、珠宝等，这个无疑减轻了她们的负担。

其实，香奈儿的卓绝才华在很多年之前就得到了市场的检验，她在盛年时期推出的女帽、人造珠宝、高级珠宝、5 号香水等无不成为引领风尚的经典所在。而时隔多年之后，她已然垂垂老矣，但这种发现美和创造美的能力却依然没有退步，反而愈发强烈起来。于是，后来被众多设计师模仿的 2 · 55 手包诞生了。

1955 年 2 月的某一天，香奈儿敏锐地察觉到新时代的女性要承担越来越多的社会角色，她们不再只是端庄典雅地陪同丈夫出席宴会就好，也不再满足于待在家里相夫教子，而是从事了许多原来只对男人开放的事业，在金融、建筑、通信、技术等领域均作出了突出的贡献。

这样的结果是，女性的生活更加忙碌，而当时她们随身携带的包却是需要手拿的，这给她们的生活带来了极大的不便。或许是忙于事业的香奈儿有着同样的困惑，为了解放女性的双手，让她们能够更加自由灵活地行走、做事，香奈儿巧妙地在手包上添加了肩带。

有肩带的包在当今社会，已经是非常普遍的女包和男包款式，但在当时，它却是香奈儿的原创。对于这个奢侈品领域的第一款有肩带设计的手包，香奈儿根据当天的日期 2 月 5 日，随意地为它命名为“2 · 55”手包。

在2·55这款经典链条包的设计当中，许多细节都隐藏着香奈儿的成长经历和喜好。

她童年时期是在孤儿院长大的，那个时候看守们习惯把钥匙用一条链子系在腰间，于是香奈儿从中得到启发，将细长的袋子和双链条移植到手包之上，使其成为可斜背的手包。

她少女时期是在修女主办的教会学校学习裁缝，于是学校提供给学生的枣红色制服，其颜色也成为了这款女包的内衬颜色。香奈儿也是一个多情的人，她在教会学校就有了喜欢的人，为了放情书，她那时就充分利用了包包前面的隔层，而2·55双层翻盖的设计便得益于这样的少女心思，上面第一个盖子里有一个暗夹，专供女人们收藏宝贵的情书，至于手包背后的一个半圆形的隔层，则是用来放零钱的地方。

在外形和材质上，这款手包最初为长方形的皮革包身或是针织质地，装饰上则采用菱格纹线条，灵感据说来源于她喜爱的马匹。此外，手包前面还有一个镀金的方形扣锁，在法语中叫做“Mademoiselle Lock”，意为“小姐之锁”，代表香奈儿终生未嫁。

为了让这款女包在各种场合中都适宜，香奈儿同时推出了两种款式：一是日间使用的时尚皮革款式；另一款则是用来搭配晚装，丝质或针织面料的手袋。

除了别具匠心的设计，香奈儿2·55手包之所以深受人们的喜欢，也与其考究、繁复的做工密不可分。一件手包的诞生，从剪裁、贴合、缝纫、拼接、装上拉链、镶嵌扣眼、缝好搭扣到完成包装，这一系列的工序都需经过精心的设计和打磨，需要经过整整180道程序才能完成，而花费的时间更是让人大吃一惊，要6个工人耗费10小时的时间才能完成。这还仅仅是工序成为标准情况下的制作周期，在正式开工生产前，工人们更是需要一周的时间制出样品，一般来说，对于一个款型，所准备的原型样本往往会在50个左右。

由于具有创新意义的便携式设计和独特考究的做工，2·55手包自问世后就迅速成为一种全新生活姿态的象征，它解放了女人的双手，也成为众多时尚女性最梦寐以求的单品之一，像美国前第一夫人杰奎琳·肯尼迪、著名的影星罗密·施奈德等等，都是香奈儿2·55手包的忠实粉丝。

60多年过去了，2·55手包塑造的金属链带等形象早已深入人心，成为众多设计师争相模仿的对象，其本身也经历了众多的变化，但无论它如何改变，人们始终还是能够一眼辨认出来。从菱格纹车线到个性的搭扣，从口袋到衬里，它的品质一如既往地让人放心。

除了 2 · 55 手包，香奈儿在 1957 年推出的双色鞋也是一大创造，并拉开了传承至今的经典序幕。这款双色鞋与当时的任何一双鞋子都不同，它有黑色的鞋尖和米色的鞋身，这样的设计别具匠心，而又非常聪明：黑色的方形鞋头，使足部看起来非常纤细，塑造了女性双足的美丽姿态；鞋身采用与肤色相近的米色，将鞋子的线条延伸到腿部，巧妙地拉伸了腿部线条的修长之感；至于镂空细带的设计，使鞋子呈现出不对称的轮廓，而在内侧鞋带采用的松紧设计，则令足部能够承受更多的压力，从而让女人舒适地活动。

正如香奈儿自己所说的：“鞋子是优雅最重要的一部分，一双好鞋可以衬出仕女优雅的气质。”双色鞋直接诠释了香奈儿的这种理念，也呼应了她为女性创造更多活动空间的设计思想。因此，鞋子刚一诞生，便立即受到了女人们的追捧，并迅速在时尚圈造成轰动。

那么，这款经典的双色鞋，其灵感又是来自何处?

正如多年前香奈儿擅长从男装中找到灵感一样，这款鞋子也是她从男鞋中得到启发后才创造的。在当时的社会环境下，网球、高尔夫等运动都是在草地上进行，女人喜好的浅色鞋子特别容易脏，而男人穿着的黑色运动鞋却没有这样的烦恼。正是在这样的情况下，香奈儿发挥自己的特长，思索起如何设计出一款新鞋子，让女人穿在脚上既能保证美观，又能耐脏。经过仔细的观察，聪慧的香奈儿从男鞋中找到灵感，将耐脏的黑色移植到女鞋中的鞋头部位，而鞋身等其他部位依然是米色的。如此，一双经典的双色鞋便诞生了。

在双色搭配的构想之下，香奈儿也突破米—黑的组合范围，又创作出适宜其他场合的3款鞋子。即：

米—深蓝双色鞋，这是清爽夏季的最佳选择；

米—深咖啡双色鞋，适于搭配运动休闲服和暗色系的服饰；

米—金双色鞋，以高贵典雅著称，是晚宴服装的完美搭档。

这4款双色鞋几乎能够搭配任何套装、运动服和晚礼服，是适用性比较强的一套女鞋系列。因此，香奈儿曾经不无自豪地说：“只要四双鞋，我就能环游世界。”

如同香奈儿经典套装、小黑裙、2·55包一样，这款双色鞋也成为了跨时代的经典佳作，并在长时间的演变中不断发展出多元化的风貌。1959年，鲜艳热情的红头鞋、点缀有蝴蝶结的尖头双色鞋等相继诞生，而为了在款式上给女人以更多的选择，香奈儿也为双色鞋带来了材质上的变化，比如有的双色鞋采用细致的黑色丝缎，有的则是小羊皮。到了1967年的时候，为了更加完美地搭配套装，香奈儿甚至别出心裁地推出了加上金属材质的双色鞋款式。

总之，香奈儿凭借双色鞋和2·55手包，进一步拓展了自己的时尚帝国，也使香奈儿品牌在世界范围内获得了认可。她拥有的香奈儿时装公司，员工达到了400多人，而根据《时代》周刊的保守估计，她的时装帝国，每年的产值约有1.6亿美元。在她之前，没有人能够想到，她凭借70岁的高龄还能成功，但是香奈儿就是做到了。她甚至超越了往日的成就，又一次成功引领全球的时尚潮，并把香奈儿品牌推上一个全新的高度。

第八章

一切还没有结束

她的一生都为时尚而存在，也为服装的自由和人格的独立而战。她不断地工作，不断地创造，在她醒着的时刻，那把挂在金链条上的剪刀几乎是不离手的。这样的香奈儿，又有何人不爱？即便她已经离去了，她的笑貌从人们的视野中消失了，但是，她的精神却永远活在世人的心间，而她创造的“香奈儿帝国”仍在熠熠发光。

像 20 岁一样青春

在你 20 岁时会拥有一张大自然给你的脸庞，30 岁时生命与岁月会塑造你的面貌，50 岁时你会得到一张你应得的脸。

——可可·香奈儿

到 1963 年 7 月 19 日那一天，香奈儿已经满 80 岁了。如果是一个正常的老人，会选择安度晚年。即使他们精神依然很好，也不会再继续操劳，而更愿意去周游世界，在不一样的生活中体会生命的意义。

然而，香奈儿却不是一个普通人。她选择的生活也与众不同。拥有巨额的财富，拥有名扬世界的威望，更拥有成功庞大的事业，所有的一切都是那样令人羡慕，但是她在80岁的高龄之际，却依然将全部的精力放在工作之中。

香奈儿的模特玛格·麦金泰尔曾回忆说，香奈儿很少在中午之前出现在工作室，但是一旦出现了，所有人都会知道，因为她摆开的架势就是要全力以赴地工作，要进行一件服装的创意剪裁，在这个过程中，所有人都不能随便离开。

其实，作为香奈儿的模特是非常辛苦的。拥有时尚帝国的香奈儿，在晚年的脾气更加不好了，甚至可以说是变化无常和刻薄的，她会突然发脾气，大声命令模特站起来或是坐下。胆小的模特有时候会被训哭，她们把香奈儿比作满身带刺的昆虫，尽管这样比喻着，每个人却还都是努力工作，努力争取她的喜欢。

在连续工作几个小时之后，模特们累了，想要休息，香奈儿却依然精神饱满地修修剪剪，她看着无精打采的模特会突然提高音量道：“你们累了？这可不行，香奈儿女装是给女人穿着活动的。快，走起来！”

即使是在时装展的前夕，香奈儿也没有停下手中的工作，她在最后一分钟还会根据灵光乍现的想法，突然增加配饰或是修剪多余的部分。这便是香奈儿，永远在追求完美。

这个时候，年轻的设计师源源不断地从艺术和设计学院走出来，正在以自己的设计思想征服世界。他们青春，具有年轻的活力，也将张扬不羁的风格带到时装之中，像美国的牛仔服几乎征服了全世界，而英国的玛丽·恩奎特一人就向法国出口 3 万多件前卫服装。

不过，香奈儿依然认为，制作永不过时的服装才是最恒久的胜利。她曾经的竞争对手、著名的设计师克里斯托巴尔·巴伦西亚加的态度则更是激烈，他高傲地坚持传统，不肯向新的潮流有任何屈服。或许是环境改变了，或许是两个人在长期的竞争中产生了认同感，他们的关系也越走越近，甚至像亲密的朋友一样交往起来。

这个来自西班牙的男人比香奈儿小 12 岁，他时常到康朋街与香奈儿一起吃饭，也一起外出游玩。香奈儿甚至和他开起了玩笑，她在一天晚上突然说道："克里斯托巴尔，我们结婚吧。"然而，在看到巴伦西亚加脸上出现错愕的神情后，香奈儿又大笑着解释说，她只是在开玩笑，但是如果这样告诉媒体，一定会很好玩。

顽皮的香奈儿，她是这样充满奇思妙想。尽管岁月增加了她的年龄，在她的脸上留下了一道又一道皱纹，却依然没有改变她年轻而喜欢捉弄人的心态。

如果再深究一下，那么，香奈儿说要结婚时到底是什么心态？是真的在开玩笑？还是突然觉得自己该有个家庭了？或者是觉得巴伦西亚加是个可以依赖的男人？

时间最终给了我们答案，不管香奈儿是以什么样的想法说出那句话，她最终都没有和巴伦西亚加走到一起，甚至他们的友谊也因为一些误会而终结了。

事情的起因要从媒体对香奈儿的报道说起。当时在报纸上出现了这样一段话：她与巴伦西亚加共进晚餐，但可怜的巴伦西亚加是这样的疲倦，她无法理解他如何能够推出时装展。这段话听起来非常不客气，特别是对巴伦西亚加这样高傲的人来说，他受到来自新兴设计师的冲击，他也不具有香奈儿的名气和号召力，事业正处在低谷期。这个时候看到香奈儿对他的状态如此评价，自然是难以接受，他不再去找香奈儿，也拒绝接听香奈儿的电话，尽管香奈儿三番五次给他打电话想要解释这件事。

其实香奈儿是否真的说了这样的话并不能确定，捕风捉影的媒体总是想要制造话题，如何将报道写得更具争议性，他们一向很拿手。如此，香奈儿的原意被曲解也是非常有可能的，不过两个人的性格都很高傲固执，香奈儿几次被告知“巴伦西亚加不在”后，便不再打电话了，此后他们再也没有见过面。而在 1968 年，巴伦西亚加也在年轻而富有前卫想法的设计师的竞争之下，悄悄关闭了他的时装公司。

香奈儿又变成了一个人，除了睡觉，她将所有的时间都献给时装公司，日复一日，年复一年。到 87 岁时，她甚至还在为新的时装展准备。《女性家庭杂志》的时装编辑安妮·张柏林观看了香奈儿在 1970 年举办的展览，她觉得香奈儿时装展的前几周，巴黎到处充满了令人激动的气氛。而香奈儿，“尽管患有风湿病和关节炎，却依然可以赤手空拳地对付每一次试装。双手在这里拉一下，又在那里扯一下，或者在这里订一支别针，那里拆掉一道线。”

她似乎永远都在战斗着，永远不知疲倦一样。

服装没有满足香奈儿飞扬的思想，于是她将目光再次投向香水事业。她想推出一款新的香水，来丰富“香奈儿”这个品牌名下的香水品类。她已经想好了如何定位这款香水，那便是为了所有独立、有思想的女性服务，它的味道必须是清新自然而又醇厚的。对此，她作了一个巧妙的比喻：“香水就像打耳光一样，没有人会等 3 个小时来决定它好不好闻。”

然而，香奈儿香水公司的新掌门人，皮埃尔的儿子雅克并不同意。他觉得香奈儿 5 号已经卖得很好了，没必要再多此一举。香奈儿却很固执，她威胁雅克说，如果不让她生产新的香水，那她便推出一款同 5 号香水类似的配方。

雅克最终让步了，新的香水在 1970 年推出。在瓶身的设计上，这款香水延续了香奈儿 5 号的外观，线条简单流畅，优雅中不失大方的美感，非常符合年轻自主、思想独立的女性。

那要为新的香水取一个什么名字呢？香奈儿最初想称为“可可”，用这个陪伴了她一生的名字进行命名。不过雅克的律师劝她放弃，“这听起来并不怎么样”。香奈儿这一次没有固执已见，她最后同意了以她的出生日期进行命名，于是，香奈儿 19 号横空出世。

像 50 多年之前一样，在香水正式上市之前，她将香水先送给身边的朋友们试用。她心里已经做好了准备，假如朋友们觉得不好，或者是反应冷淡，那她便会立即告诉项目部的负责人，让其停止这款香水的生产。不过，香奈儿再一次成功了，从朋友们的脸上，她看到的是微笑，是认可，还有对香水的好奇之心。

香奈儿19号香水正式投入生产，但这也不是一件容易的事情，香水的配方主要是玫瑰精油，不过由于地产的投机，大片适宜种植玫瑰的山坡已经消失了，并没有充足的玫瑰提供给他们。采购员不得不另想办法，但他们收集来的鲜花，却并没有让香水公司的新任首席调香师满意，他抱怨说这些鲜花缺少“个性”。于是，他们将视野从法国甚至是整个欧洲向外延伸出去，最后在突尼斯和埃及找到了新的供货商。

万事俱备，只欠东风。在一次新闻发布会上，香奈儿19号香水被介绍给公众。

为了宣传新产品，香奈儿也亲自出席了人山人海的发布会。她告诉记者，她本人使用这款香水已经有几个星期了，而她得到的反馈是，自信心大增。没有让记者追问，香奈儿主动透漏了事情的经过。原来，已是老太婆的她，在丽思酒店的前面竟然被一个男人拦下了，那个男人目不转睛地盯着她，这让她非常气愤，想要用手里握着的伞狠狠地教训一下这个不懂礼貌的男子。然而，男人并没有做出任何唐突的举动，他只是很礼貌地询问香奈儿，身上喷的是什么香水，他想要给女性朋友也买一些。

“到我这个年纪，在街上被男人拦住可不是坏事。”香奈儿最后调笑地补充道。

有记者顺着这个话题继续发问，他们问香奈儿到底多大了。这便是记者可爱的地方，他们似乎从来都不害怕被当事人厌烦，抛出的问题总是那样刁钻、犀利。

香奈儿洋溢着笑容的脸庞僵住了，接着便像一个孩子一样，赌气式地大声回答道："100 岁，永远。"或许她是坚信自己会活得那样久远，或许她是不想别人知道自己的年龄，但是在掩盖实际年龄的事情上，她做得相当成功。

在她七八十岁时，甚至还以独特的魅力和得体的打扮征服了许多见多识广的时尚记者和编辑们。《纽约客》的杂志记者就盛赞了香奈儿，认为她的魅力无人可以超越，"依然好看得令人惊叹，深褐色的眼睛，灿烂的笑容，还有像一个 20 岁女子般勇往直前的活力。"

的确，香奈儿不仅看着像一个风华正茂的知性女人，在行动和生活方式上也这样要求着自己。当不在工作室待着的时候，或是周末到来，她便用赛马来打发无聊的时间。她甚至买了一匹小马，为它起名为"浪漫"，并经常牵它去遛马场闻一闻青草的味道。这匹马也陪着香奈儿参加了许多场赛马比赛，尽管它很多时候并没有为香奈儿赢来奖项。"浪漫"最后越来越力不从心了，香奈儿决定让它退役，成为传种的母马。

可是，香奈儿却没有从赛马场上消失，她又买了一匹叫作“罗马风”的雄马。在一次圣克卢的赛马比赛中，“罗马风”为香奈儿赢得了比赛。她高兴地欢呼着，来到马儿待着的地方抚摸它说道：“小伙子很好，它喜欢按摩。”

这便是香奈儿，或许在她心里，自己永远都是20岁。

音乐剧《可可》

一个女人必须具备两样东西，优雅和美丽。

——可可·香奈儿

康朋街31号从来都不缺客人。即使香奈儿每天都把自己关在工作室中，但前来拜访她的人却依然络绎不绝。有的人向她要钱，有的人要最新款的服装，也有的人想要在这里找到立足之地和发展的机会。在这些穿梭的、来来往往的人群之中，有一类来要东西的人比较特殊，他们是来问香奈儿要故事的，一段足以打动所有人的人生故事。

香奈儿对这件事却不热衷，她终其一生都在掩饰自己在孤儿院长大的事实，又怎么可能愿意把自己不堪的童年放在灯光下，放在舞台上，甚至放在屏幕中，供他人品评呢？

于是，不管有多少人登门而来，她一律拒绝。

那决然而坚定的态度，让好莱坞和百老汇的导演们大为愤慨。他们想不通，为何香奈儿到了晚年还是这样难缠。然而，尽管不满，尽管会在背后气急败坏地跳脚，他们却只能再三登门，企图说服香奈儿松口。

最先得到香奈儿认同的是口才了得的百老汇制片人弗雷德里克·布瑞森。他狡黠的目光其实早就盯住香奈儿了，当许多大导演最终放弃时，他还在坚持。甚至早在20世纪60年代早期就开始着手寻求赞助，在他看来，得到香奈儿的点头只是早晚的事情。

为了获得香奈儿的好感，布瑞森使出了浑身解数。他甚至带上他的演员妻子罗莎琳德·拉塞尔一起从美国来到康朋街。两人都会说一些法语，他们陪香奈儿吃晚饭，将绅士的男性朋友介绍给香奈儿，静静地看着香奈儿做出有力而富有表情的动作，也听她侃侃而谈。投其所好最终起到了效果，香奈儿终于被布瑞森成功拿下了，同意出售她的人生故事。

可怜的布瑞森以为自己终于大功告成，正当他沉浸在喜悦中的时候。有人善意地提醒他，最好去问一下威泰默家族的皮埃尔，是这个人买下了“香奈儿”名下的一切。

布瑞森却不以为然，他反驳道：“除了香奈儿，没人能拥有香奈儿。”

不过为了审慎起见，布瑞森还是决定先调查一下属于威泰默家族所有的香奈儿香水公司。弄明白了一切，他马上就发现自己大错特错，“香奈儿”已经不再是一个简单的人名，更是一个品牌，而在这个名号之上，除了香奈儿本人，威泰默家族也具有庞大的话语权。

不得已之下，布瑞森决定去拜访皮埃尔，但他却被皮埃尔的下属告知，公司的首席执行官并不想见他。挫折再一次扑面而来，尤其是像他这样已经在百老汇拥有自己一片天地的人来说，总是被拒绝，让他很没有面子。

布瑞森却不管这些，他决定在路上去堵皮埃尔。既然没有机会相见，那他便要主动创造机会。反复研究之后，布瑞森发现能够见到皮埃尔的机会只是在下午三点和四点之间，那个时候，终于清闲下来的皮埃尔会在马房里待着。锲而不舍的坚持，终于为布瑞森带来了机会，他得到了与皮埃尔见面的预约。然而，当他被带到办公室时，与香奈儿一样顽固的皮埃尔却只是对布瑞森说道：“你不会在这里待太久，也没有必要坐下来。我已经知道你的目的，但我绝不会让你去运作香奈儿的故事，对不起。”

无功而返，聪明的布瑞森直接跑到香奈儿那里，将皮埃尔强硬的态度转述给香奈儿。一切都在布瑞森的料想之中，香奈儿非常生气，她决定亲自出马。

让人找来皮埃尔，香奈儿气急败坏地告诉这个老伙伴，他不能干涉她的生活，更没有权利来掌控她的个人生活。皮埃尔依然很淡定，他认为拍摄关于香奈儿的故事并不是一件私事，这涉及到整个香奈儿品牌的荣誉。

讲道理没有用，香奈儿决定采取强硬的态度予以回击。

她不干了，再也不要推出任何新的时装展。

两个人僵持着，但就像许多次产生分歧时一样，作为男士的皮埃尔到最后都会让步，这一次也没有例外。在他去世前不久，他说对于将香奈儿的故事搬到荧幕上，他不会干涉、起诉或制造麻烦，只要威泰默家族不会在剧中出现就好。

这一次，布瑞森心中的石头彻底落下了，他多年的愿望终于达成。经过反复推敲，故事先以音乐剧的形式在百老汇演出，名字就定为《可可》。在这部音乐剧中，安德烈·普列文担任作曲，歌词则由作家、抒情诗人艾伦·杰伊·勒纳填写。但是关于音乐剧的主题，却带有浓厚的悲剧色彩，即一个坚强自信的女人为了获得独立的地位而牺牲了一切，包括爱情、家庭、正常人的生活等，但当她获得独立后才意识到，孤独是必须付出的代价。

在布瑞森看来，香奈儿的成功早已在巴黎和纽约流传多年了，人们或许不会有更多的兴趣来观看一场像心灵鸡汤一般的音乐剧，于是他在和勒纳商量之后，独辟蹊径地从香奈儿的人生中试图找到另一种哲学智慧。

这样的安排显然和香奈儿预期的不一样，她以为的电影变成了音乐剧，而表现的内容也不是她希望呈现的剧情，尽管她在晚年时的确感受到了无边的寂寞和孤独。

为了让香奈儿同意，布瑞森特意带着勒纳和普列文一起到康朋街来与香奈儿见面。在香奈儿面前，勒纳在普列文的钢琴伴奏下，认真唱了几首歌曲。乐曲是高雅的，歌声是动人的，而两个富有才华的男人也是异常真诚，但香奈儿依然没有被说服。

布瑞森有些抓狂，他虽然知道和女人们打交道总是有着这样或那样的麻烦，但是从来没有想过一场音乐剧会让他面临这么多的问题。他不再劝说香奈儿，而是直接描述了音乐剧的开端：香奈儿的父亲俯在摇篮上，逗弄着刚出生的小婴儿，并为她取名为“可可”。这个时候，慈祥睿智的祖母开始入场，认可了这个充满灵动和韵味的小名，也在摇篮旁预言了这个新生的女孩将来会有荣耀、富贵和孤单的一生……

这样温馨的场景是香奈儿多次提到的，尽管她出生时父亲并不在身边，尽管“可可”的名字是因为她在咖啡屋中唱歌期间才得来的，但是她每次向人提起童年时的生活，都要这样强调一遍，不遗余力地让人相信她小时候很幸福，是在父亲的关爱下成长起来的。

布瑞森显然是抓住了香奈儿的心思，所以他总是化被动为主动。在离开康朋街前，他也向香奈儿承诺，音乐剧将包含香奈儿一生的故事，特别是青年时代的恋情和步入时尚圈的故事都将会作为重点被描述和展现。

事情的进展却并不如料想的那样顺利。因为音乐剧演员的问题，剧组不得不重新审视之前定好的剧情。

事实上，对于扮演香奈儿的演员，布瑞森最初钟情的是他的妻子罗莎琳德。然而，当他在长时间的努力下终于征得了香奈儿和皮埃尔的同意后，罗莎琳德却因为急性关节炎不得不退出。于是，主角需要重新选定，最后锁定在了凯瑟琳·赫本身上。

当布瑞森告诉香奈儿扮演她的人将是赫本时，香奈儿条件反射地以为布瑞森说的是奥黛丽·赫本，她心中暗暗有些高兴，那样说来，音乐剧呈现的将是她年轻时候的故事，是她和小伙子卡佩尔之间的浪漫爱情。

“不是奥黛丽·赫本，是凯瑟琳·赫本。”布瑞森进行了纠正。

“她扮演我太老了。呦，她应该有快60了吧。”

香奈儿对凯瑟琳·赫本的年龄有着明显的芥蒂，但是没有再像之前那样坚持。既然派拉蒙影业为电影版权支付了275万美元的资金，那就把音乐剧当做前奏和热身好了。她可以做一些让步，以让事情进展得更快一些。

在秋天到来的时候，凯瑟琳也专门来到康朋街，接受香奈儿的审视。

这个在好莱坞沉浮多年的资深演员，后来曾承认，在去见香奈儿之前，她的心中非常恐惧。传奇的香奈儿，在时装界塑造了一个又一个神话的香奈儿，会是什么样子？会怎样看待自己？会不会为难自己？凯瑟琳难以控制紧张和高速运转的大脑去想这些问题。为了增加信心，她甚至穿上了最喜欢的外套和裤子。

后来的事情没有凯瑟琳想象的那样困难，当她走进丽思酒店的套房后，香奈儿果然不客气地从头到脚对她进行上下打量，她的眼神充满探究和思索，但是很快，她便露出了一抹微笑。就是这个笑容，让凯瑟琳顿时放松下来，她和香奈儿交谈，不时地被香奈儿展现的睿智和机敏所折服。

谈话结束的时候，凯瑟琳放下了心中的负担，她带着对伟大人物的虔诚心态而来，离开的时候心中存在的只是淡然，她深深地感受到了被人们当成传奇膜拜的香奈儿，其实和她一样，也是一个普通的老妪。

“我现在知道自己能演她了，她也是人。”

凯瑟琳回到了百老汇，香奈儿也认可了这个大龄演员。但为了让年纪大的凯瑟琳适合剧本的情节发展，青年时代的剧情便被放弃了，只是以闪回的镜头快速表现了她浪漫、充满遗憾的爱情，而剧本经过几次的修改最后更是变成了香奈儿 70 岁时东山再起的故事。

作为剧情变更的补偿，香奈儿提出要亲自设计舞台服装。这一次，布瑞森拿出了制片人的顽固态度，他坚持要用塞西尔·比顿，认为他设计的服装能够为音乐剧带来戏剧化的效果。比顿在当时非常出名，他为许多知名的舞台剧设计了服装和布景，比如说《琪琪》《俄宫秘史》《姻缘订三生》等。从派拉蒙影业接到了《可可》的任务后，他尽管很忙，却几次专程到巴黎与香奈儿面谈。最终，他为这个音乐剧设计出两个基本的场景，那就是香奈儿待的时间最长的两个地方，一个是她的公寓，一个是她的工作室，而联系这两者的镶镜楼梯也成为了主要表现的场景之一。

一切都已确定下来，音乐剧投入到快速和高效率的拍摄之中。

对于自己第一次被搬上舞台的音乐剧，香奈儿是有所期待的，她早在音乐剧进入彩排前就承诺将会出席百老汇的首次演出。为了这次活动，她甚至专门为自己设计了一套礼服。不同于以往简单的风格，这件华美的礼服装饰有亮丽夺目的闪光片。

然而，香奈儿最终却没有机会穿上这件衣服出现在百老汇的观众之中。在出发去纽约的一周前，她患上了中风，右臂瘫痪，不得不住进医院里。下午醒来的时候，香奈儿的心情非常不好，病床前站着的神父令她难过，而门前挤满的记者也让她心烦意乱。她觉得这个时候得了中风不是什么好兆头。

1969 年 12 月27 日，话题性十足的《可可》在百老汇的马克・赫林格剧院首演。结果，情形却令人大失所望，虽然这场音乐剧不至于恶评如潮，但是主流杂志和媒体对它的评价却是不冷不热，而一些观点比较犀利直接的媒体编辑，说话更是不客气。他们认为整部剧目，从导演到演员，都呈现出非常奇怪的景象。

凯瑟琳扮演的香奈儿，无论是愤怒的、安详的、充满活力的，也无论是在工作中或者只是无聊地躺着，似乎都没有表现出香奈儿的影像，却让人们看到了一个被戏剧化的凯瑟琳・赫本。“两腿分开，双手插在口袋里，头高昂着，这是我们对她的印象，”《纽约时报》的沃尔特・科尔这样评价道，“但香奈儿的生活绝不会如此平淡无奇。”

至于担任服装和场景设计的比顿，人们对他的批评也丝毫没有口下留情。《时代》杂志以形象的比喻表达了他们的不满：“比顿的香奈儿服装比之于香奈儿自己的服装，就像是超市货架上的炸鱼球罐头和大威福餐馆里的梭鱼球。”显而易见，快餐式的廉价炸鱼球罐头是比不上餐馆里精心烹制的美味梭鱼球的，如此，高低对比再明显不过。

不知道这样的评价，传到布瑞森的耳中，又会引起怎样强烈的反应？他是不是后悔当初坚持启用风头正盛的比顿？是不是后悔拒绝了香奈儿为音乐剧设计服装的想法？

这个时候，无论说什么都已经晚了。

《可可》最致命的缺陷还在于，普列文创作的音乐几乎不成曲调。对于一部音乐剧来说，这简直是让人难以忍受。还有勒纳编写的故事，从头到尾都没有形成连贯的情节，剧中关于香奈儿是怎样东山再起的，以及香奈儿在这段时间里经历了什么，交待得并不清楚。

如果说观众之前对这部剧有多期望，那这个时候就有多失望。

一生传奇而经历丰富的香奈儿，怎么会被演成了这个样子？香奈儿的个性去了哪里？她的坚强，她的不幸，她的灵动，她的才华为什么在剧中全然看不出来？

或许对于香奈儿来说，没有亲自观看这场演出是正确的。不然她该会有多难过。

在医院经过 3 个多月的疗养，香奈儿的身体渐渐康复起来，她吵闹着要求出院。她还要工作，可不能在医院中浪费时间。为了防止胳膊受到伤害，香奈儿在右手上戴了一个黑色的弹力腕带，然后继续拿起剪刀在布料上游走。在这个时候，无论模特们，还是工人们，甚至是香奈儿的朋友们，都只能假装没有看到这条腕带。因为一旦他们的目光在上面多做停留，香奈儿的脸上明显会出现怒色。

岁月无情，香奈儿却不愿意承认自己老了。

她坚持锻炼，甚至想要学着弹吉他，来提高双手的灵动性。

她的朋友看不下去了，为她送来一名职业按摩师，但香奈儿却拒绝见面。在她心里，一旦到了需要按摩师的地步，那么，便是真的承认自己的健康已经不行了。不过当她听到有一位瑞士医生在治疗骨科方面非常有经验时，便欣然让人将医生带到巴黎。

香奈儿在与命运抗争，每天依然到工作室，却不知道死神的脚步声离她越来越近。

在安息日告别世界

过简单的生活，有丈夫和孩子——和你爱的人在一起，这才是真正的生活。

——可可·香奈儿

尽管不愿意承认，香奈儿还是觉得自己的生命可能要走到尽头了，她总是情不自禁地回忆往事，回忆她青春时期的甜蜜时光，也想起她在最美好年华里经历的事和遇到的人。

其实她讨厌追忆过去，因为只有孤独、寂寞的人才会对过去念念不忘，才会在遥远的记忆中假装自己不是一个人。然而，香奈儿就是一个孤单的老人。尽管她在事业上创造了甚至是许多男人都可望不可及的成就，可是她却始终都是孤独的。

到了晚年，她一生未婚的孤寂也深刻体现在她的生活中，在白天她是灯光下众人瞩目的大人物，身边总是簇拥着商人、明星和贵族，但一旦夜晚降临，她便被打回原形。她没有家庭，没有孩子，即使她姐姐的外孙女和她的关系很近，却也不能时时刻刻地陪伴在身边。

事实上，与香奈儿同时代的人相比，包括她的朋友和情人，她的年纪还是比较大的。她一生的闺蜜米西亚在 1950 年就卧病在床。那个时候香奈儿避居在瑞士，当朋友们告诉她米西亚的情况很不好时，她回到了巴黎，日夜陪伴在这个老朋友的身边，照顾她的起居。然而，米西亚终究还是离开了。香奈儿没有流泪，也没有表现出任何悲伤的情绪，她只是将所有人从房间中赶出去，然后亲自打理米西亚的遗体。她为米西亚换上了美丽的白色裙子，为她清洗指甲，也为她画上精致的妆容和佩戴合适的珠宝。房间的门再次打开了，走进来的朋友们惊讶地发现，米西亚看起来竟是如此年轻和优雅。

穷尽香奈儿的一生，她都未曾替其他人做过这样的事情。

米西亚在世时，她们互相闹过不愉快。

米西亚去世后，香奈儿回忆起与米西亚的过往，也曾说过厌烦米西亚的话。

尽管如此，依然没有人能否认她和米西亚之间的深厚友谊。因为所有的朋友们都知道，香奈儿一生中唯一的一次与遗体为伴，是为了米西亚。

在米西亚之后，香奈儿从前的至交好友和情人们，像是约好了一般，也纷纷走向世界的另一个方向。

俄国的狄米崔大公因为肺结核去世了，时年 50 岁。他一生都处在流亡之中，没有机会再回到曾经风光无限的宫廷，甚至是最后的停留点也在瑞士圣莫里茨的达沃斯小镇。

巴勒松军官和多年前的卡佩尔一样，于 1953 年在一次汽车事故中去世。这个绅士的军官，尽管和香奈儿没有成为永久的爱人，却保持了终生的友谊。当香奈儿的声名响彻巴黎的每个角落时，记者们为了知道香奈儿的过往，曾经前仆后继地去采访他，但他却什么都不说，无论是关于他和香奈儿之间的事情，还是卡佩尔是怎样将香奈儿从他的身边带走。

也是在同一年，威斯敏斯特公爵突然死于冠状动脉血栓。他留下了第四个公爵夫人安妮，却依然没有一个儿子能继承他庞大的家产。

1954 年，曾经告发香奈儿是间谍的薇拉 · 贝特在罗马去世。香奈儿没有去看她，也没有参加她的葬礼。对于过往的恩怨，她虽然已经释然了，可是始终不愿意再和她见面。

到 1960 年的时候，与香奈儿同龄的诗人保罗 · 勒韦迪在索莱姆的修道院去世。曾经，他是香奈儿非常在意的恋人，但是他最终却逃离了繁华的巴黎，也从香奈儿的身边决然消失。香奈儿恼过，却还是与他保持了持久的友谊。只是，勒韦迪在去世前却留下遗言，不能将他离世的消息告诉任何人。香奈儿是在报纸上看到的这条讣告，当被人们要求发表评论时，她只是说，勒韦迪的去世是她最难以承受的事情。

离别的痛苦并没有结束，3 年之后，香奈儿的另一个朋友，作家考克托也离开人世。香奈儿和朋友们参加了葬礼，然后在回到丽思酒店时开了香槟为幸存者庆祝。

一次又一次，香奈儿送走了许多朋友。

她也情不自禁地会思考，自己的日子还剩下多少?

深思之下，便是对生命的惋惜。为了防止自己陷入无休止的担忧之中，她开启疯狂的工作状态。但还是有周日和假期的存在，她的员工都有幸福的家庭，至少也是有恋人相伴的，香奈儿不可能强令他们陪同自己成为工作狂。她又开始像小时候一样，一个人在巴黎的墓园里独自徘徊，尽管这里没有埋葬她的任何一个亲友，但是她却流连忘返，在墓碑之间散步，与亡者对话，思索另一个世界究竟是什么样的。

无聊的时候，香奈儿也会看电视打发时间和帮助自己尽快入睡。不过她的睡眠质量还是变得越来越差，尽管有管家和秘书在外间相伴，等到她睡着后才离开，可是她却会在夜里醒来，然后辗转难眠。她甚至出现了更为严重的情况，那便是梦游。

有一天清晨，工作人员发现她穿戴整齐，在酒店的走廊里疾步走着，表情疯狂而又迷惘，但眼睛却是半闭着的。工作人员观察了一下，发现香奈儿竟是处在梦游之中，于是便把她领回房间。此后，凡是在晚上，香奈儿睡觉时身边总是要有人陪伴的，即使在没人陪同的情况下，她的房间也要从外面反锁，防止她在梦游时走到别人看不见的地方。但情况并没有好转，有时候，她会突然从床上坐起来，拿起剪刀胡乱剪着触手可及的衣服，她也会轻车熟路地走入浴室之中，打开水龙头，一遍又一遍地洗手。

其实，香奈儿梦游的现象在小时候就出现过。那个时候，她的父亲还没有杳无音讯，她也还不是一个孤儿，每当她梦游时，父亲便轻轻地把她领回床上，看着她安稳入睡才放心离开。长大后，香奈儿成了一个人，孤独无依的感觉逼着她戒掉了梦游的习惯，她以为从此以后自己便不会与可恶的梦游出现交集。没想到，晚年来了，一切都回归到旧有的状态。

因为受到失眠的折磨，香奈儿开始注射药物。这让她的体重下降得厉害，她骨瘦如柴，手指细弱得甚至戴不上尺寸最小的戒指。身体条件直线下降，也让她对食物越来越挑剔，但她却只能吃一些像芦笋一样清淡的食物。丽思酒店的餐厅经理，为了照顾香奈儿的感受，特意将餐厅做了一些改动，让香奈儿用餐时不至于闻到其他客人的鲜美的饭菜味道，因为一旦对比出来，香奈儿便会大发雷霆，投诉送餐员只给自己吃芦笋。

不服老也好，不甘心也罢，香奈儿不得不开始考虑身后的遗产问题了。

她雇佣了一个新的律师，罗贝尔·巴丹特尔。这个犹太人律师和香奈儿的关系非常好，他会认真聆听香奈儿说的所有话，无论是有用的，还是无关紧要的。作为香奈儿的律师，他一直都知道香奈儿在担忧继承权的问题，也知道香奈儿需要一个有能力的人来打理她留下的“帝国”。可是，香奈儿没有自己的孩子，也没有可以信任的人。她对巴丹特尔说，她想要将巨额财富设立成基金，用来资助富有才气的艺术家。

想法是那样美好，也与香奈儿一生都在从事的资助艺术家的行为相符合，只是她却没有来得及让这种伟大的事业变成一种现实，死神便降临到她的身上。

1971 年 1 月 9 日是一个周六，香奈儿像往常一样去了康朋街的工作室，为即将到来的服装展做准备。她不知疲倦地忙到深夜，然后独自回了丽思酒店。第二天是基督徒和犹太人信奉的安息日，他们谨守安息日不许工作的惯例，所有员工都休息了，香奈儿只好百无聊赖地待在酒店之中。中午的时候，她的朋友兼心理医生巴扬前来拜访，在酒店下面的餐厅里，她们一起共进午餐。饭后，香奈儿让司机开着她的劳斯莱斯，和巴扬一起去外面溜达一圈。等到她们回到酒店时，夕阳的余晖染红了大地。

巴扬向香奈儿告别，当时香奈儿还交待巴扬，第二天她会到康朋街继续准备时装展。

在巴扬看来，一切都是那样正常，但香奈儿却知道，她很累。

刚回到丽思酒店的白色套房内，香奈儿便立刻躺到床上，甚至没有脱下衣服就睡下了。晚上八点半左右，她突然从梦中醒来，开始大声呼唤着仆人瑟琳的名字，她说自己快要喘不过气来，让瑟琳赶紧把窗户打开。

瑟琳从外面跑进卧室，她看到香奈儿正拿着一直放在身边的注射器，要为自己注射药物，她一直以来都依靠这种药物才能安稳入睡。只是这个时候，香奈儿却像突然没有了力气一样，怎么都无法打开药瓶。最后，瑟琳帮她在大腿上打了一针。

香奈儿却没有很快入睡，她泪流满面地结巴着说道：“他们要杀了我。”

瑟琳有些担心，她打电话给酒店的医生，但是因为这一天是周日，医生也要休息，不能马上就赶到。后来，香奈儿一直保持着清醒，她似乎意识到自己终于也像逝去的朋友们一样，走到了生命的尽头，她最后留在人间的一句话是："你看，死就是这样的。"

伊人已逝，世界突然间沉默了。瑟琳为香奈儿换上她最喜欢的套装，为她带上最心爱的项链，但却再也唤不醒这个叱咤时尚界近半个世纪的女性。

香奈儿去世后，她的侄外孙女依照遗嘱，将她葬在了她和汉斯曾经避居十多年的地方——瑞士洛桑的墓园。在这个孤单的墓碑上，除了有她的名字、出生和死亡日期，还刻着代表她星座的五只狮子和一个简单的十字架。对于香奈儿选择洛桑为安葬地点，很多人都表示认同，因为香奈儿喜爱这里的皑皑白雪和纯净的天空，也喜爱这里自由的空气。

虽然香奈儿最后选择远离巴黎，但她的追悼会还是在巴黎康朋街附近最宏伟的教堂——玛德莲教堂举行。灵柩上覆盖着以白色为主调的鲜花，包括玫瑰、栀子花和兰花等。与她竞争多年的同行大部分都出席了，其中有巴尔曼、巴伦西亚加、圣·罗兰等。而她的模特们，尽管香奈儿在世时曾经时常被训哭，却在香奈儿去世后不约而同地前来送别，她们排起长队，神情悲戚。除了为了香奈儿的去世而伤心，模特们也对未来充满了不确定和担忧。她们的领路人从此再也不会醒来，那么香奈儿时装公司将何去何从？这里的 T 型台是否还能闪闪发光？

香奈儿留下的巨额财产，成为了人们猜测和关注的焦点。《时代》周刊估计在香奈儿去世时，她的时装帝国的收入超过 160 亿美元，但是财富的具体数目是多少，没有人知道。此时让外界更加好奇的问题是，谁将继承这些巨额财富？

她没有自己的孩子，没有直系继承人，与她最亲近的亲人是侄外孙女，但是这个女孩也不具有继承权，似乎香奈儿的管家弗朗索瓦·米宏涅将继承一切。这位管家说道，他有一天被香奈儿的律师巴丹特尔叫到办公室，并被告知，“可以继承小姐的遗产”。不过支持这种说法的遗嘱一直没有找到，而弗朗索瓦则一直坚称，遗嘱是在神秘的情况下失踪的。他后来曾经上诉，但庭外和解了。

关于遗产的争论在 1971 年 2 月 17 日得到确定，瑞士洛桑的巡回法官确认了 1965 年的最后遗嘱及誓言的合法性。这份遗嘱将一切留给了一个避税机构，香奈儿指示执行人给曾经为自己服务的人分配金钱并帮助有需要的人。

但详细的信息并没有被披露出来，管理遗产的律师马蒂亚·奥尔说：“小姐的愿望是身后不被打扰。我尊重她的遗忘。”就这样，香奈儿留下了数额巨大的遗产，于寂静中离开了世界，也在人们心中留下了许多谜。

她离去之后的香奈儿

香奈儿不是一种托词或者借口，而是一个起点，是精确呈现时代精神的一条道路。

——卡尔·拉格斐

这世间的许多事情都很奇妙，有时候人们付出了所有，但结果却与想象中的场景大相径庭。于是，遗憾便油然而生，成为一种求而不得的压抑和苦恼。

香奈儿一生中也有过许多遗憾，特别是在感情上，不过在她去世时，她的遗憾则是未能看着最后的时装展在人们面前呈现。或许就是这种萦绕在其中的惋惜，反而为时装展带来了别样的情怀，她没有亲自见证华服在灯光下闪耀，但她的风尚依然在人们心间荡起了层层涟漪，给世人留下了深刻的印象。

那一天是1971年1月25日，时装展在康朋街开幕，从传统的2月5日提前了十多天的时间。临时的安排，没有让观众流失，反而有许多以前从未曾出席过展览的人汇集而来，甚至是当时的法国第一夫人克洛德·蓬皮杜也出席了展览，并亲自担任主持。这样的举动，无疑是向香奈儿致敬，她已然成了法国文化的一部分。

这次的时装展也处处充满着温情的回顾，开场是淡色花呢套装，之后是轻柔礼服、定制套装、束胸上装、两件套毛衣和夹裙，最后是3件经典的白色晚礼服。模特的装扮不同于往常，她们全部将头发挽起，用黑色蝴蝶结扎在后面。尽管没有人明确说明，但是大部分的观众都不约而同地认为，这是一种不引人注目的哀悼方式。

服装展结束的时候，观众的掌声经久不息，甚至在香奈儿最为鼎盛的时期也没有享受到这样的待遇。然而，热烈的掌声却没有唤回那个似乎永远精神饱满的老人，人们抬头，搜寻不到她的身影，那个装有玻璃的大螺旋梯顶端，空荡的样子让人难过。出席服装展的《纽约时报》记者用文字记录了当时的场景：“观众依旧坐在沉闷的狭小空间里，瞄着那著名的螺旋梯，好像他们可以用掌声召唤那个永不凋谢的人物出来。”

时装展在一片哀伤的氛围中结束。尽管难过，所有人都不得不接受既成的事实，香奈儿再也不会回来了。

那么，她留下的香奈儿时装公司怎么办？康朋街的 T 型台是否还能闪闪发光？

观众不知道的是，此时的香奈儿时装公司已经全权属于威泰默家族所有了，但这个一向低调的家族却并没有发出什么公开声明，只是通过时装公司对外宣布，一切将会继续。

威泰默家族选择藏在背后，但他们对香奈儿品牌的运营却起到了至关重要的作用。即使是并不具备经商头脑的雅克·威泰默在接管香奈儿公司之后并没有做出什么重大的成就，但他至少让一切都按照正常情况发展。也是他，亲眼见证了这个不可取代的品牌在香奈儿和父辈的手中不断发展壮大。

雅克对香奈儿公司最重要的贡献则是培养了一个合适的接班人，那便是他的儿子阿兰。

当公司业务在 1974 年一度变得萧条时，25 岁的阿兰从父亲手中接管了关于香奈儿品牌的一切业务。那时他还是个没长大的孩子，也没有丰富的经商经验，但是他在商业世家长大，从小耳濡目染着经商之道，早已培养了敏锐的商业嗅觉。

面对不再景气的市场，他很快就看到了其中的症结所在，并迅速采取了措施。

他为香奈儿5号进行重新定位，将其从医药保健产品和折扣店的渠道里全面撤下，只在高端的化妆品领域销售。他没有见过香奈儿，但他却狂热地守护着“香奈儿”这个名号，他拒绝一切特许经营，也不遗余力地起诉任何假冒香奈儿商标和有损香奈儿声誉的人。在他看来，特许经营或许能赚取大量的钱财，但那不是做家族企业的方式，而他始终认为只有香奈儿公司才能将这个品牌发扬光大。

为了打破香奈儿5号孤军奋战的局面，他推出了香奈儿美女化妆品系列。1977年，他还为香奈儿家族带来了成衣系列，此外，更是坚持聘用自己的香水师、工艺师和珠宝设计师。

1980年，阿兰聘用了后来对香奈儿品牌发展至关重要的管理人凯瑟琳·达雷西奥。这位具有多年广告经验的女强人，不仅力主将香奈儿公司的运营总部直接搬到充满商机的纽约，还为公司挖来了能够继承香奈儿衣钵的设计师卡尔·拉格斐。

多年之前，当拉格斐还是一个正在学习服装技艺的小男孩时，他就对香奈儿推崇备至，也亲眼见证了香奈儿在70岁高龄归来后取得的诸多成就。如今，当有机会深入到香奈儿品牌的灵魂深处，他毅然从蔻依辞职，尽管当时他的发展前景一片大好。

达雷西奥后来描述了她看中拉格斐的原因：“我已经注意他的工作很久了，他是非常有才华的设计师，而且对现代性有很好的感觉。”

对于阿兰和达雷西奥挑选的新设计师，许多人其实是存在疑问的，他们并不认为拉格斐这样一个奇怪的男人能够与香奈儿品牌相融合。对于外界的反应，三个人默契地保持沉默。阿兰依旧低调不发表任何言论，达雷西奥则将注意力放在怎样扩大品牌的影响力方面，至于拉格斐，当然是埋头研究和设计服装。

自从进入香奈儿公司，拉格斐便将可可 · 香奈儿在世时设计的衣服全部重新排序，仔细观察其中的特点和变化，尤其是在 10 年和 20 年的周期之内的变迁进行了对比。这样做的结果是，他充分掌握了香奈儿的设计理念和风尚，甚至能够将所有的细节都了然于胸。但这并不是说，拉格斐就要完全模仿香奈儿的一切，相反，他是在继承的基础上进行创新。

1983 年，年轻有为的拉格斐在进入香奈儿公司两年后，便成为了总设计师。他将可可 · 香奈儿过去创作的那些时装，进行加工后以崭新的面貌重新推出，使香奈儿时装标志性的镶边工艺、花呢套装等保持朝气和时髦。他每年制作的 8 个新系列的服装，也总是恰到好处地表现了香奈儿女士提出的优雅精髓，同时根据潮流加入了运动和摇滚元素等，再一次将人们的注意力吸引过来。在其他老牌服装纷纷面临倒闭、绝迹的时候，是拉格斐拯救了香奈儿公司，将香奈儿时装重新带上了一条康庄大道。

到 20 世纪 90 年代末，似乎只要是香奈儿品牌下的物品，不管价格如何，人们总是愿意去购买。设计师们也开始模仿香奈儿的风格，他们纷纷推出海军运动夹克和宽松长裤，这无疑是向香奈儿女士致意。然而，在塑造香奈儿元素的服装风格方面，当然没有人能超过拉格斐。1989 年，他在香榭丽剧院推出了高档时装展，这次的展览以斯特拉文斯基创作的“春之祭”为主题曲，服装也比以往任何时候都更加贴近香奈儿女士本人的风格，包括定制夹克、装饰有珍珠串的中长裙等。这次的冬季时装系列，成为了拉格斐的巅峰之作。

出于市场的定位方向，阿兰和拉格斐也将香奈儿品牌下的几乎所有产品都提到了行业最高，比如当时的香水卖 180 美元一盎司，高端时装起价 11000 美元，手袋 960 美元，仿制珍珠 360 美元。即使是如此高的价格，消费者还是争相购买，于是香奈儿公司又想出了限购的销售手段，即每名顾客只能买 3

个。“香奈儿”成为了一个名副其实的高端奢侈品牌，影响力覆盖全球。到1990年时，其精品店已达到了40多家。

无疑，阿兰和拉格斐将“香奈儿”演变成了一种商业，一种品牌。直至今天，香奈儿品牌的总设计师拉格斐，还是时尚圈中少数能抵挡米兰成衣时装的设计师之一。但是在对比拉格斐和香奈儿之间的关系时，许多人也毫不含糊地认为，拉格斐的创新让香奈儿更有新闻价值，不过香奈儿的风格却是永恒的，她昭示给世界的主旨早已超越了时装本身。

这就是香奈儿与众不同的地方，虽然她已经离去，但是她的时尚观点、她对时装的品味、她卓绝的创造力，深深地影响了她以后的品牌所有者和设计师。

她的一切，都像醇厚的酒一样，随着时间的流逝而更加芳香四溢。正是因为长久而不消逝的影响力，她在法国成为了与戴高乐将军相提并论的人，永远活在人们心间。

附　录

香奈儿品牌大事记

1883年：8月19日，香奈儿出生于法国中部城市索米尔的一个济贫院里。

1905年：22岁的香奈儿进入咖啡馆做歌手，取艺名为"CoCo"（可可）。

1908年：在情人巴勒松军官的公寓里，香奈儿开设了人生中的第一个女帽店。

1910年：香奈儿在卡佩尔的资助下，将女帽店搬到巴黎康朋街 21 号。

1913 年：香奈儿在法国度假胜地杜维埃开设了一家以其名字命名的女装精品店，售卖休闲装和运动装，并得以畅销。

1915 年：高端时装设计沙龙“香奈儿比亚里茨店”在法国西南部城市比亚里茨开张，这是香奈儿设立的第一家时装分店。

1916 年：秋天，香奈儿推出首个个人高级时装展。

1917 年：香奈儿推出带大口袋的两件套套装。

1918 年：香奈儿推出女性休闲睡衣和开襟毛衣。

1919 年：香奈儿将身份正式登记为“女裁缝”，其时装商号地址为康朋街 31 号。

1921 年：香奈儿与香水师恩尼斯・鲍合作推出标志性的香奈儿 5 号。这是首款以设计师的名字命名的香水。

1922 年：香奈儿推出一款带有刺绣山茶花主题的女式衬衣。同时，宽松的沙滩睡衣和香奈儿 22 号香水推出。

1923 年：香奈儿的运动装毛衣得到《纽约时报》等媒体的报道。

1924 年：香奈儿香水公司在“夜巴黎”化妆品公司老板皮埃尔・威泰默的出资下成立。同年，俄罗斯皮革香水推出。

1926 年：香奈儿推出风靡全球的小黑裙。

1927 年：香奈儿伦敦精品店开张。

1928 年：香奈儿建立自己的纺织公司，她也创造出第一件粗花呢套装，该套装横扫时装界 80 多年，至今流行不衰。

1929 年：香奈儿配件精品店在康朋街开业。

1930 年：好莱坞的电影大亨塞缪尔·高德温邀请香奈儿为其演员设计服装，香奈儿因此成为了当时最昂贵的时装设计师。

1932 年：香奈儿为国际钻石协会设计珠宝，推出“Bijoux de Diamants”钻石珠宝系列，主打款由 654 颗钻石镶嵌而成，由此开启了高端珠宝的事业。

1933 年：香奈儿山茶花主题在黑色套装上首次正式出现。

1935 年：香奈儿声誉日隆，拥有超过 5 家精品店，4000 多名工人。

1939 年：第二次世界大战爆发，香奈儿关闭时装公司，只留下康朋街 31 号的精品店销售香水和配饰。

1954 年：香奈儿以 71 岁之龄重回时尚界。这一年，著名影星玛丽莲·梦露为香奈儿 5 号做的代言，成为了永恒的经典。

1955 年：香奈儿推出标志性的 2. 55 菱格纹手袋，这也是香奈儿品牌中最著名的单品之一。

1957 年：内曼·马库斯授予香奈儿时装行业杰出服务奖，称她为“本世纪最有影响力的设计师”。同年，香奈儿以男式休闲鞋为灵感来源，推出双色鞋。

1959 年："香奈儿 5 号" 香水瓶在纽约近代艺术博物馆展出并被永久收藏。

1965 年：拥有香奈儿香水公司的皮埃尔·威泰默去世，他的儿子雅克·威泰默接管公司。

1968 年："嫣红" 润唇膏推出，并成为香奈儿品牌最畅销的美容产品之一。著名影星凯瑟琳·德纳芙为香奈儿品牌进行代言，此后持续代言近十年。

1970 年：以香奈儿生日命名的 "香奈儿 19 号香水" 推出。

1971 年：1 月 10 日，香奈儿在巴黎的丽思酒店去世，享年 87 岁。两周之后，她一生中最后的时装展开幕。根据合约，香奈儿时装公司为威泰默家族全部拥有。

1974 年：雅克·威泰默的儿子阿兰接管家族企业，其中包括含有香奈儿名义的所有公司。在阿兰的策划下，香奈儿最喜欢的红色唇膏以 "香奈儿红" 的名字销售。

1975 年："香奈儿彩妆" 系列推出。

1978 年：香奈儿高级成衣及配饰系列推出，普通人得以有机会拥有一件香奈儿。香奈儿成衣和配饰精品店也从美国、欧洲到亚洲迅速兴起。

1981 年："力度男士" 香水推出。

1982 年：卡尔·拉格斐任香奈儿公司精品部的创意总监、总设计师。

1985 年：可可系列香水推出，其以性感的方式表达了一种奢华旧世界的感觉。

1987 年：香奈儿品牌的第一款腕表问世，表盘形似香奈儿 5 号香水瓶瓶盖的轮廓。

1990 年：“小姐”腕表系列和“自我”男士香水推出。

1993 年：香奈儿品牌重新推出 1932 年珠宝展的部分产品和经典的“栀子花”系列香水。

2000 年：J12 运动腕表推出。

2002 年：“香奈儿珍珠系列”推出。

香奈儿概念精品店、珠宝与腕表舰旗店、鞋包精品店相继在伦敦开张。

香奈儿品牌首个高端手工坊精品系列问世。

2003 年：“邂逅”香水推出，赢得好评。

2006 年：俄罗斯第一家香奈儿精品店——莫斯科旗舰店开张。

2009 年：香奈儿上海旗舰店开张。

2010 年：香奈儿品牌的首席设计师卡尔·拉格斐接受法国荣誉勋章。

2011 年：“香奈儿文化”回顾展在上海当代艺术馆开幕，包括 400 多件稀世展品。

2013 年：向香奈儿经典小黑裙和外套致敬的《The Little Black Jacket》摄影展在世界范围内巡礼，并在 6 月份分别在北京和上海展出。

2015 年：香奈儿品牌总裁布鲁诺接受时尚行业报《Women’s Wear Daily》的采访时表示，香奈儿将于 2016 年下半年进军电商领域。